DESPERTAR
A REINTEGRAÇÃO DOS FILHOS DA LUZ

DESPERTAR
A REINTEGRAÇÃO DOS FILHOS DA LUZ

Magaly Delgado
(*Magamagaly*)

NOVA SENDA

DESPERTAR - A REINTEGRAÇÃO DOS FILHOS DA LUZ
Copyright© Editora Nova Senda

Capa: Décio Lopes
Briefing da capa: Karyna Credidio
Diagramação: Editora Nova Senda
Revisão: Roberto Carlos Nogueira Nakashima e Kleber Credidio
1ª impressão | Fevereiro de 2017

DADOS DE CATALOGAÇÃO DA PUBLICAÇÃO

Delgado, Magaly

Despertar: A Reintegração dos Filhos da Luz / Magaly Delgado (Magamagaly) – 1ª edição – São Paulo – Editora Nova Senda, 2017.

Bibliografia.
ISBN 978-85-66819-20-5

1. Autoajuda 2. Poder Pessoal 3. Esoterismo I. Título.

Proibida a reprodução total ou parcial desta obra, de qualquer forma ou por qualquer meio, seja eletrônico ou mecânico, inclusive por meio de processos xerográficos, incluindo ainda o uso da internet sem a permissão expressa da Editora Nova Senda, na pessoa de seu editor (Lei nº 9.610, de 19.02.1998).

Direitos exclusivos reservados para Editora Nova Senda.

EDITORA NOVA SENDA
Rua Jaboticabal, 698 – Vila Bertioga – São Paulo/SP
CEP 03188-001 | Tel. 11 2609-5787
contato@novasenda.com.br | www.novasenda.com.br

Agradecimentos

Muitas pessoas passaram por minha vida, muitas deixaram suas impressões impregnadas em minha alma.

Outras por um outro lado, se fizeram importantes por talvez discordarem do meu modo de enxergar a vida.

O projeto deste livro nasceu da minha necessidade de compreender o que eu estava fazendo aqui, o porque de sofrer tanto sem ao menos saber que grande teste é esse que a vida nos reserva a todo momento.

São muitas pessoas a agradecer... Tia Luiza, que muito me ajudou a encontrar um caminho espiritual, me amparando quando o mundo espiritual se apresentava, e isto com seis anos de idade, Tia Joia e seu marido e companheiro, Riograndense do Amaral Brasil, que saciou minha sede de saber, instigando-me a pensar e procurar respostas.

Minhas tias, Janinha, Célia e vovó Maria, que sempre estiveram me apoiando, e ensinando a enxergar sempre o melhor do mundo.

Agradeço também ao irmão e amigo Roberto Nakashima, assessor de imprensa, colaborador e incentivador deste trabalho, Kleber Credidio, que me ajudou na revisão, dando vários toques importantes e bacanas, Sonia Credidio e Cristiane de Araujo Cabral, que me assessoram nos agendamentos de consulta e compromissos, e administraram toda esta loucura, a todos, meu muito obrigada.

Quero também agradecer às meninas superpoderosas, que leram e me incentivaram a colocar cada pensamento no papel, Joyce Ruiz, Cristina Greco, Karyna Credidio, Maria Stella Gabarrom, e ao Dr. Cássio Koshernikoff Zambelli.

Angela Jabor, grande pessoa e escritora talentosa, que abriu as portas para o contato com a Editora Nova Senda.

E alguém que foi meu Norte, meu Sul, meu Leste e meu Oeste, a pessoa que tive a oportunidade de ter chamado de Mãe, e que ao passar do tempo, me fez entender que tudo foi por ela, Jarlene Ferreira Marcondes de Castro, onde você estiver, sempre será o grande amor da minha vida.

Te amo Mãe.

Magaly Delgado

Prefácio

Mergulhar nas páginas de *Despertar – A Reintegração dos Filhos da Luz* foi como descobrir uma pequena parte de um lugar aparentemente desconhecido, mas ao mesmo tempo tão próximo. Foi um desafio que me proporcionou momentos de reflexão. A leitura foi um aprendizado e tanto!

Nas quase 200 páginas deste livro, a escritora Magaly Delgado conseguiu expor o poder do autoconhecimento, da energia que nos possibilita abrir portas, quebrar paradigmas, renovar. É como trilhar caminhos que possam ajudar na evolução do SER HUMANO.

O livro nos leva a descobrirmos o propósito de estarmos aqui. E que depende de cada um perceber o momento certo de mudar. É o poder da transformação e das descobertas em uma viagem da alma que se faz tornar-se real.

O conteúdo desse livro é de uma sensibilidade que permite o leitor tomar consciência de quem ele é e no que pode vir a ser. "Somos o que criamos através do que pensamos e do que falamos". Autenticidade dos sentimentos e a leveza das palavras são a essência desse livro que vai fazer você leitor viajar pelos mistérios da vida.

O SER HUMANO é capaz de extrair o que há de melhor nele, mas é preciso que se desperte primeiro para iniciar a evolução da alma e descobrir qual o seu propósito.

Cléber Cândido
Chefe de produçao de
jornalismo da Rede Globo

Antes de mais nada...

"Tudo na vida tem o seu momento certo", cresci ouvindo esta frase. Acredito que seria piegas demais se no decorrer do tempo, não tivesse constatado o quanto de verdade tem nesta afirmação.

Como muitos, eu também já passei por momentos de grande fragilidade emocional.

Vivi e passei transições de vida sem nenhum direcionamento. A pior emoção é aquela vivida sem que estejamos realmente centrados para vivenciá-la.

Por muito tempo me vi atolada em conflitos, que só resultaram em perda de energia e, de sobra, baixa autoestima.

Nesta fase, percebi que em alguns momentos me sentia totalmente estagnada, com minha energia tão parada, que nada me fazia querer sair deste estado de depressão. Em outros, parecia que estava plugada numa tomada de 220 volts, e querendo fazer tudo de maneira desordenada, rápida, sem nenhum equilíbrio. Querendo viver tudo, curtir tudo, viver, viver, viver...

Mas quanto mais eu achava que "vivia", mais o vazio e a ansiedade iam se instalando na minha vida. E o pior era que não sabia o porquê de tanta insatisfação, e nem porque este vazio me consumia por dentro. Entre altos e baixos, entre euforias e desânimo, entre alegrias e lágrimas, ia tocando a minha vida.

Quando percebemos que a situação se encontra insustentável, invariavelmente já nos encontramos no fundo do poço. Constatando tal situação, não encontramos força suficiente que nos impeça de vivenciarmos a autopiedade, a autocomiseração, a auto-obsessão, o desânimo e a dor, mesmo que tais sentimentos nos façam permanecer nesse poço por muito mais tempo.

Gostaria que existisse uma fórmula mágica e como um "pó de pirlimpimpim"[1], fosse subindo, subindo, subindo, até sair deste buraco, que, agora posso dizer, eu mesma criei.

Perceba e comece a analisar agora, se tudo que estou dizendo, identifica-se com alguma fase ou circunstância da sua vida. Veja se o processo de busca desenfreada que você se encontra não te levou parar aí, neste poço escuro.

No meu caso, consegui reverter todo este quadro, quando pisei fundo no freio, e de uma forma brusca percebi que nesta altura do campeonato, de nada me adiantava lutar contra a maré e querer mudar o curso da vida de forma desordenada.

As mudanças têm que se operar de dentro para fora, e geralmente, por nos encontrarmos nesta fase tão negativa, acabamos não percebendo o quanto a nossa ansiedade atrapalha nesse processo.

Levando em consideração que tudo faz parte da nossa evolução, e que o fluxo da vida nos impulsiona ao nosso crescimento, acredito firmemente que as descidas nos impulsionam para as subidas, e percebendo isso, temos que tomar posse deste momento, acabarmos com o nosso vitimismo e deixarmos de fazer apologia da nossa própria dor.

Seria muito bom refletirmos sobre tudo isso, o que ganhamos vivenciando todo este lixo emocional? Sentirmos pena de nós mesmos, nos passarmos por coitadinhos, não nos acrescenta nada.

Quem ganha com tudo isso?

---

1. Pó de propriedades mágicas que ao ser aspirado faria com que se pudesse deslocar rapidamente flutuando.

Não é fácil olharmos no espelho, e depararmos com a imagem de nós mesmos, sem as máscaras que escondem toda a nossa verdade.

Despojarmos de nosso ser a impotência e nos entregar, de uma forma plena nas mãos do Pai.

Transcrevo abaixo uma oração que foi encontrada no bolso do paletó de Robert Kennedy quando ele foi assassinado:

> *"Em tuas mãos, Senhor, eu me abandono.*
> *Volve e revolve esta argila como o barro nas mãos do oleiro.*
> *Dá-lhe a forma que tu queres.*
> *Destrói-a como foi destruída a vida de John, meu irmão.*
> *Manda, ordena. O que queres que eu faça?*
> *Elogiado ou humilhado, perseguido, incompreendido, caluniado, consolado, sofrido, inútil para tudo.*
> *Não me resta senão a dizer, a exemplo de sua mãe:*
> *'Faça-se em mim a tua palavra...'*
> *Dá-me o amor por excelência, o amor da cruz, mas não da cruz heróica, que pode nutrir o amor-próprio, mas o da cruz vulgar, que se carrega com repugnância, daquela que se encontra na contradição, no esquecimento, no fracasso, nos falsos juízos, na frieza e no desprezo dos demais, no mal-estar pelos defeitos do corpo,*
> *pelas trevas da mente, pela aridez e silêncio do coração.*
> *Então somente tu saberás que eu te amo, ainda que eu mesmo não o saiba."*

Lendo esta oração, me perguntei:

Será que não podemos escolher, para nós, o melhor?

Será que Deus se compraz do nosso sofrimento?

Por que escolhermos somente o caminho da dor, para nossa evolução, quando a vida nos sinaliza a todo instante o que é o melhor?

Tudo está em nossas mãos, e devemos rapidamente fazer por nós o que o Pai gostaria que fizéssemos, isto é, o Melhor.

Sumário

1. A Grande Descoberta 15
2. A Vida é uma Arte Mágica 19
3. O Caminho da Transformação 31
4. Mistérios Desvelados 39
5. Princípios ou Leis 45
6. Abrindo Portas Interiores 55
7. Você é um escolhido? 61
8. Quem disse que seria fácil? 67
9. Assumindo a Divindade Dentro de Nós 75
10. O que está acontecendo com o Mundo? 81
11. Nem tudo são flores 91
12. Pensar... Eis o Segredo 97
13. Eu, você e Deus 105
14. Reintegração Cósmica 113
15. O Preço de se Dormir Demais 117
16. Eu Inferior, Eu superior 125
17. Eu me Perdoo 131
18. Tomando Posse 135

19. Quem São Eles..141
20. Espiritualidade *vs* Religião..153
21. Sementes Estelares 159

    Epílogo..169

    Quando algo termina... Um mundo de possibilidades começa....169

    Considerações Finais 173

    Bibliografia..175

CAPITULO 1

A Grande Descoberta

"O Deus que fez o mundo e tudo o que nele há, sendo ele Senhor do céu e da terra, não habita em templos feitos pelas mãos de homens. Nem tampouco é servido por mãos de homens, como que necessitando de alguma coisa, pois Ele mesmo é quem dá a todos a vida, e a respiração, e todas as coisas."
Atos dos Apóstolos (17:24-25)

Como você já percebeu, com tudo que já relatei, fica cada vez mais claro o propósito que tem me motivado a escrever.

Quero ter com você uma experiência única e direta, mostrar que, como eu, você também pode.

Para isso, basta perceber que existe toda uma Hierarquia de Luz torcendo para que saia deste casulo.

E o caminho para sua transformação, o que vai lhe tornar uma linda borboleta, é o caminho de retorno; o que o leva para dentro de si mesmo.

Estamos tão acostumados a viver só para as coisas do externo, que esquecemos o caminho de volta para dentro, para casa.

Quantas vezes você já ouviu a frase:

"Deus está dentro de ti."

Mas se Deus está dentro de mim, por que é que levei uma vida toda de procura, de busca?

Por que perdi a conexão?

Por que sinto esse distanciamento?

Por que venho buscando, me preocupando com tudo, e ao mesmo tempo com nada?

Por quê? Por quê? Por quê?

São tantos os porquês, não é mesmo?

Mas tudo faz parte de um processo de descoberta.

Descoberta esta que você está tendo, porque o teu tempo é agora.

Perceba como é bom descobrir que somos "Uno com Deus", que você faz parte desta mente geradora, que por algum tempo, fizeram com que acreditássemos que esta conexão estava cortada.

Que se quiséssemos estar próximos de Deus, precisávamos estar religados através de dogmas ou credos religiosos.

Fizeram com que acreditássemos por Eons[2] de existência que o nosso elo com Ele estava rompido. Fizeram com que acreditássemos que a busca do caminho era fora e não dentro.

Tudo está registrado no nosso corpo emocional. Registros de uma evolução que vem durando uma eternidade.

O homem se perdeu da Divindade. Acreditou que o Poder manifestado pelo Deus/Deusa seria encontrado nas posses das terras, nas batalhas, nos dogmas religiosos e, nos dias atuais, na ciência.

Se continuarmos a buscar Deus somente no exterior, mesmo levando em conta que tudo é manifestação do Pai, sentiremos que o caminho percorrido pode ser de muita dor. Ao passo que, se acreditarmos de novo que somos Unos com o Criador, sentiremos que nada enfraquece a alma e tampouco o espírito.

E que o verdadeiro Poder é aquele que nos dá liberdade interior para crescermos, direcionando a nossa existência, sempre pelo caminho da Luz.

"É responsabilidade de cada indivíduo buscar seu próprio vínculo com Deus"[3]. Quando li esta frase, me perguntei de que maneira poderia buscar meu próprio vínculo com o Pai. Comecei a lembrar de todos os

---

2. Substantivo masculino. Imensurável período de tempo; a eternidade.
3. Frase extraída do livro *Mensagem de Maria para o Mundo*.

caminhos externos que percorri, e o que me motivava a continuar minha busca. Lembrei que busquei Deus em muitos lugares, em muitas religiões, e o que ficou explícito foi a persistência que me empenhei nesta busca.

E se você pensar, também vai chegar à mesma conclusão que eu, e a resposta é uma só: FÉ.

A Fé é uma entrega total da mente à Alma, a Deus.

Se cada um fizer sua parte, acreditando que todos somos Elos da mesma corrente, fica muito claro que percorreremos através da nossa Fé, nosso caminho de volta. Algumas vezes sabemos que o Elo é forte, noutras ele nem parece existir.

Quando o apóstolo Pedro andou pelas águas, a chamado do Mestre Jesus, ele o fez até o momento em que acreditou no Elo. Quando ele temeu, começou a afundar.

Visível ou invisível, o Elo É, e este é o caminho.

Oração – Uno com Deus *(matinal diário)*

Sou Uno com Deus.
Neste momento entro em contato com o meu Eu Interior,
sinto a grande força que se manifesta dentro de mim.
Invoco sua Luz e Misericórdia e me coloco em tuas mãos.
Restabeleço a nossa união neste instante,
e recebo todo direcionamento que necessito.
Abro meus canais e através do meu Eu, manifesto as grandezas do Pai.
Sua proteção me afasta de toda influência negativa.
Sua bondade atrai para minha vida, toda prosperidade que necessito.
Sua justiça me faz escolher o caminho da verdade.
Seu amor torna minha vida plena.
Manifesto todo o seu poder através das minhas realizações,
e a sua Paz transforma minha vida e fortalece minha Fé.
Sou Uno com Deus.

CAPITULO 2

A Vida é uma Arte Mágica

*"Creio no sol, mesmo que ele não brilhe.
Creio no amor, mesmo que não sinta.
Creio em Deus, mesmo que não O veja."*
(Escrito nos muros de Varsóvia)

Pense sobre isto: "A Vida é Mágica".
Ensinam os Seres de Luz que um dia, teremos a consciência de quem fomos, o que somos, e para onde vamos; daí muitos de nossos problemas terminariam. Como ainda não temos essa consciência, e sei que o que sou hoje foi construído no meu passado, em outras existências; e o que realizo hoje surgirá na próxima vida, estabelece para mim a certeza de estarmos moldando nossa próxima personalidade, próximo corpo e também decretando a nossa maneira de viver em outra existência.

Somos Deuses Físicos em Ação, moldando nossas criações, nossas obras, nossos corpos, nossas vidas.

Poderemos ser Anjos ou Demônios, vivermos na verdade ou mentira, sermos felizes ou infelizes, perfeitos ou imperfeitos, amarmos ou odiarmos, vivermos na paz ou na guerra.

Mas o que será que você, que possui a chave mágica da vida, está construindo para o seu amanhã?

Por muitas vezes já me questionei sobre este assunto. Não pense você que o nosso despertar é uma simples divagação, um simples pensamento que vagueia em nossas mentes.

Não. A partir do momento que o inconsciente coletivo nos coloca diante das questões relacionadas com o nosso despertar, somos impulsionados a encontrar as verdades e a direcionar o melhor caminho para a transformação.

O Universo inteiro conspira a nosso favor, mas temos que aprender, através da fé, a discernir sobre a dualidade do caminho.

Quando decidimos acordar desta dormência e deixarmos de nos comportar como seres criados em série, como robôs que vivem num materialismo desenfreado, e somente preocupados com o consumismo que tomou conta do mundo, perceberemos que o inconsciente coletivo se manifesta através dos inconscientes individuais, e que quando despertado, você poderá ajudar os outros também a despertar, desencadeando-se uma grande e verdadeira transformação.

E sendo assim, poderemos escolher realmente o que seremos.

Disse Ouspensky[4] que foi discípulo de Gurdjieff[5]:

"O homem vulgar está constantemente num estado de inconsciência, semelhante ao sono. É ainda pior, porque no estado de sono ele fica totalmente passivo, enquanto no estado de pseudo vigília pode atuar. Mas as consequências dos seus atos repercutem-se sobre ele e sobre o seu meio e, entretanto, ele não tem consciência de si mesmo. Não é mais do que uma máquina, tudo chega até ele.

Não pode controlar seus pensamentos, nem a sua imaginação, nem as suas emoções. Vive num mundo subjetivo, ou seja, um mundo feito do que ele acredita amar ou não.

Ignora o real. O mundo autêntico é lhe ocultado pelo muro da sua imaginação. Ele vive no sono."

---

4. Pyotr Demianovich Ouspenskii (conhecido em inglês como Peter D. Ouspensky; 5 de março de 1878 – 2 de outubro de 1947), era um matemático e esotérico russo.
5. George Ivanovich Gurdjieff (jan 1866/1872/1877 – 29 de outubro de 1949), também comumente referido como Georges Ivanovich Gurdjieff e GI Gurdjieff, era um influente místico, filósofo, professor espiritual e compositor de ascendência armênia e grega, nascido em Alexandrapol (agora Gyumri). Gurdjieff ensinou que a maioria dos seres humanos não possui uma consciência unificada de mente-emoção-corpo e, portanto, vive suas vidas em um estado de hipnótico "sono acordado", mas que é possível transcender um estado de consciência superior e atingir o potencial humano completo.

Se, a partir de agora, tomar consciência que sua vida é resultado do que você criou para si mesmo, posso te dizer:

"Seja benvindo; finalmente, você começou a despertar. E o momento é agora."

Numa palestra o mestre indiano J. Krishnamurti disse aos presentes:

" Se não houver nenhuma mudança agora, os senhores serão exatamente os mesmos que eram antes...

A humanidade tem medo, mágoa, dor, ansiedade, lágrimas, insegurança, confusão. Coisas a que todo ser humano na Terra está sujeito, e os senhores são como os outros. Portanto os senhores não são indivíduos.

Eu sei que o meu corpo é diferente do seu, a senhora é mulher e eu sou homem. Mas estamos no mundo como unidade. Quando este relacionamento é sentido, o senhor é o resto da humanidade. Então, ocorre algo totalmente diferente, não apenas palavras, imaginações, mas o sentido disso, a imensidão disso."

Então podemos observar que, além do meu despertar, dependo também do despertar de cada um de vocês. Porque somos Um. E se todos acordarem, abriremos verdadeiros portais, e conseguiremos nos reintegrar de novo às Hierarquias de Luz.

Não se assuste, asseguro-te de que tudo isto só é o começo; este acordar pode durar frações de segundos como também o restinho de nossas existências.

Mas como dizem: *O tempo urge.*

E se levarmos em consideração que provavelmente, em nossos arquivos pessoais, nossos registros já se encontram com data de validade vencido, me pergunto:

O que ainda estamos fazendo, estagnados neste patamar de 3ª dimensão? Como podemos ainda estar à mercê de tantas influências negativas, presos neste magnetismo, sofrendo todos os tipos de testes, e nem ao menos acordarmos para a nossa verdadeira realidade?

Quero que saiba que levei muitos dias resolvendo se escreveria ou não sobre a dualidade do bem e do mal.

Levei mais tantos dias pesquisando, lendo e relendo antigos textos que ,em determinado momento, achei que pudesse me ajudar a elucidar melhor essas duas forças que fazem parte da nossa personalidade, da nossa vida.

Mas como explicar se muitos de nós ainda acreditamos que nesta 3º Dimensão, vivemos em pleno Paraíso Terrestre, com todas as facilidades que o nosso materialismo, e "tecnologia de século XXI" pode nos dar, ou melhor, comprar?

CAIA NA REAL.

Aqui pode ser tudo, Paraíso Fiscal, Paraíso de Consumo, menos o Paraíso que tantos de nós anseiam: o antigo "Éden"; este nos foi tirado, por desobediência e rebeldia.

Mas como já comentamos antes, fomos tanto tempo deixados na nossa própria ignorância, que hoje simplesmente esquecemos que um dia, um ou alguns de nossos ancestrais já puderam compartilhar com nossos irmãos de Luz, o lugar que outrora já foi chamado de PARAÍSO.

Não quero, de forma nenhuma, ir contra dogmas ou princípios religiosos; não me cabe questionar doutrinas. Por mais que estejam certas ou erradas, estas estão fazendo o seu papel junto à humanidade, mas para poder continuar a relatar a História, quero que você deixe de lado antigas crenças, dogmas ou ensinamentos que nos foram passados sobre a existência do mal na Terra.

Tenho que ressaltar como já foi por nós esclarecido, que muitas verdades e segredos ficaram por muito tempo ocultos e guardados, deixando o homem à margem de sua própria realidade.

Por diversos motivos esta realidade vem sendo oculta e de certa forma deturpada. A Igreja tem e teve um papel muito importante neste breu em que estamos. Toda esta escuridão faz com que sejamos conduzidos como ovelhas pela mão do pastor.

Mas devemos estar alertas e atentos, e nos perguntarmos, para onde o pastor está nos conduzindo.

Se estivermos desejando mergulhar de cabeça no que chamamos de conhecimento e despertar, e o que para alguns até seja caminho do meio, devemos ter para nós uma noção de que grandes verdades estão veladas até que nós tenhamos a intenção de tirar o véu que cobre a nossa ilusão e, por que não dizer, também nossa ignorância.

Observando todo este contexto, fica bastante claro para mim que as energias provenientes do Cosmos, e também de nossos irmãos que estão incumbidos de preparar nossa *Reintegração*, estão trabalhando a egrégora planetária, visto estarmos vivenciando um verdadeiro movimento cujo final, nos tirará de nossa própria prisão.

Em determinado momento da minha vida espiritual, me deparei, em projeção astral, com forças que me levaram a observar o que seria propriamente o Inferno. A visão que me foi mostrada, foi uma das mais horrendas que até hoje já vivenciei, e o que me foi mostrado, vai de encontro a muita informação que o Inconsciente Coletivo vem trabalhando neste planeta.

Se observarmos os filmes, desenhos, livros de autores cujo contexto nunca foi o de fazer propaganda gratuita do baixo astral, começaremos a perceber que já existe uma grande preocupação com o desequilíbrio entre as forças.

Este fator me levou a pesquisar vários livros e textos antigos, o Mito "Lúcifer", a personificação do que para muitos seja o próprio mal. Foi querendo compreender o crescente desequilíbrio das forças da dualidade existencial na raça humana, que percebi que muita informação nos foi oculta e deturpada.

Na cultura judaico-cristã nos relatam que quando houve a Rebelião de Lucífer, 1/3 dos anjos foram expulsos da Esfera Central para este quadrante do Universo, nas esferas mais densas.

De acordo com os escritos dos rabis e dos pais da igreja, seu pecado foi o orgulho, que foi um ato de completo egoísmo e pura malícia.

Seguindo mais de uma escola de pensamento, muitos são os relatos sobre a queda dos anjos caídos, e saibam que em livros como de Enoque, podemos observar que houve mais que uma queda.

Muitos são os autores que tentam esclarecer o motivo, o porquê, ou se realmente tais fatos ocorreram.

Estudando os livros "sagrados" e comparando-os com os livros apócrifos, ficou absurdamente claro que por equívocos de tradução, divergências entre o que foi considerado "sagrado" e a condição do que seriam textos proibidos (apócrifos), fez com que ficássemos totalmente alheios à verdadeira identidade de nossos antepassados.

Observando o grau de comprometimento que estas pequenas "divergências" causaram e causam até hoje, sabemos o que isto influenciou e vem influenciando na evolução da humanidade.

Analisando trechos do Apocalipse 12, observamos que:

"Os anjos que caíram com o Arcanjo orgulhoso foram forçados pelo Arcanjo Miguel à renúncia de suas posições na hierarquia celestial. Este grande príncipe das ordens do céu precisou travar batalha cósmica, engajando-se num confronto direto com os rebeldes a fim de forçá-los a abandonar seus postos."

Quando a terra estava uma completa anarquia, Deus enviou o Arcanjo Miguel do céu para confinar os anjos corruptos no vale da terra até o dia do Juízo Final.

O que gostaria de salientar, é que um ponto ficou para mim absurdamente claro:

Nosso planeta serviu de exílio para muitos irmãos que na época detinham PODER *e* CONHECIMENTO, *muitos dos seres que aqui passaram a coabitar, conseguiram despertar nos seres que aqui já estavam a cobiça, o medo, a idolatria, a inveja, e todo tipo de ilusão e principalmente, a certeza de que como criaturas podíamos nos tornar criadores.*

A fé no Criador deixou-se abalar, e muitos se esqueceram de como é ser filho de Deus.

O homem na sua essência perdeu-se da divindade.

Como já foi esclarecido anteriormente, nosso planeta desde os primórdios da sua civilização, já sofreu, sofre e acredito que se não nos conscientizarmos rapidamente ainda sofrerá todos os tipos de provações para que despertemos.

Na sua trajetória evolutiva, o Planeta Terra vem servindo de exílio, onde milhões de espíritos aguardam o *momentum* desta transição para que muitos de nós, que estamos na busca do nosso próprio Auto Conhecimento, consigamos a nossa própria Reintegração.

Minha pergunta é...

Se Deus mandou Arcanjo Miguel confinar os anjos rebelados nos vales da terra até o dia do juízo final, qual foi o tipo de influência que nós, seres mortais, recebemos daqueles que aqui passaram a governar?

E se nos encontramos nos quadrantes inferiores do Universo, que tipo de energia o magnetismo terrestre emanava sobre os seres que aqui estavam?

Minhas perguntas são questionadoras, porque até agora não fomos elucidados sobre as influências que recebemos e compartilhamos desde o princípio até os dias atuais.

Quero ressaltar que, quando fiz a pergunta sobre governar, devemos lembrar que os anjos rebeldes foram expulsos. Eram seres cósmicos, com uma bagagem de conhecimento que os seres que aqui já estavam não possuíam, por serem seres atômicos ou carnais.

Mas ambos estavam sob o poder do Magnetismo Terrestre, e ressalto que este é o grande guardião que nos detém nesta Terceira Dimensão.

Aos anjos decaídos, coube a missão de afastar o homem da divindade, da real existência de Deus. E isso não foi muito difícil, visto que os seres mortais que aqui existiam, ainda engatinhavam no processo evolutivo como seres humanos encarnados.

Para muitos pode parecer heresia; se tudo isso é verdade, quem realmente direciona ou direcionou nossas vidas?

A única resposta para esta pergunta, vem com outra:

Se Deus na sua Onisciência permitiu que estes anjos fossem exilados aqui, sabendo que a Terra seria tomada por forças contrárias às Leis que regem o restante do Cosmos, como Ele com todo seu poder e sabedoria não dizimou estas mesmas forças?

Para mim todas as coisas são projetos de Deus, e dentro da sabedoria divina, a Monada[6] se dividiu em dois, criando a polaridade do bem e do mal (lembram-se dos princípios?).

Muitas foram as formas de nos mantermos afastados da divindade, ou esquecidos de quem realmente éramos; as leis que imperavam e imperam aqui até hoje fazem de nós verdadeiros marionetes, onde a Lei do mais forte prevalece sobre a do mais fraco, e acreditem talvez não seja nem a do mais forte, e sim do mais inteligente, daquele que percorre o caminho, compreendendo que a dualidade existe dentro de cada um de nós, e que devemos seguir sempre a nossa estrada de acordo com o que existe de mais verdadeiro; buscando nossas verdades; descobrindo, a todo instante, que quanto mais sabemos, mais ainda precisamos saber, e que sempre haverá alguém colocando em xeque o nosso crescer.

Lembrem-se:

> *Nosso espírito anseia pela verdade, e em se tratando de consciência coletiva, o Espírito Planetário, se assim posso definir, também anseia para que saiamos desta verdadeira prisão que nos exila do restante do Cosmos.*

Mas nunca devemos nos esquecer de que ainda impera entre nós o reinado das trevas, e dele ainda vigora verdadeiro exército de seres que não cogitam a ideia deste Planeta deixar de ser o que ainda é.

Se em algum momento de sua vida, você perceber que está se deixando conduzir, sem ter a certeza de que confia em quem deixou as rédeas do seu saber: CUIDADO! Sempre existirão pastores à procura de ovelhas mansas e desgarradas...

---

6. Mónade, termo normalmente vertido por mónada ou mônada, é um conceito chave na filosofia de Leibniz. No sistema filosófico deste autor, significa substância simples – do grego μονάς, μόνος –, que se traduz por "único", "simples".

Procurando Ovelhas Desgarradas

Como ovelhas, estamos sempre conduzindo nosso caminhar juntamente com o resto do rebanho, vivenciando um dia atrás do outro, esperando ser conduzidas e encaminhadas pelo pastor, a caminhar por pastos fartos e protegidos.

Mas em algum momento da vida, por distração ou comodismo, acabamos ficando para trás, apreciando a paisagem, abastecendo nossa fome de grama, ou simplesmente apreciando o calor do sol, e nem percebemos que estamos nos distanciando do rebanho, e que por descuido podemos estar nos expondo aos perigos que espreitam uma ovelha solitária.

E o perigo é real, pois não estamos preparados para a chuva, a noite escura, os Lobos, *a falta do rebanho e principalmente a falta do pastor para nos conduzir.*

Coitada da ovelha. A única coisa que ela faz é ficar parada esperando, esperando.

Como desgarrada, ela nem mesmo sabe o caminho de volta, ou como se agregar a outro rebanho; a única coisa que ela sabe fazer é ficar parada ou pastando, exposta a todos os tipos de perigo, até que o destino seja favorável, ou desfavorável, isto irá depender de quem irá encontrá-la primeiro, se o pastor ou o lobo.

E como um ser inocente, ela somente pressente o perigo quando é tarde demais, visto que durante toda vida ela foi conduzida, e nem mesmo se deu conta de que pelo menos deveria ficar atenta, vigilante para não se desgarrar do rebanho.

Mas no final o que importa?

Alguns nasceram para ser ovelhas, outros o lobo e alguns até para serem os pastores.

O que prejudica a ovelha nesta hora é que o medo paralisa, e ela nem ao menos sabe o que significam as palavras Fé *ou* Esperança *ou até em ultimo caso,* Luta.

Mas nesta altura, aonde andará o pastor?

Será que ele não se preocupa com a perda da ovelha?

Ou será que para ele a ovelha desgarrada, poderá servir de exemplo para as outras ovelhas ficarem mais vigilantes com os percalços do caminho?

Ou será que uma ovelha perdida, desgarrada, poderia colocar o resto do rebanho em perigo se o pastor voltasse para procurá-la, deixando o resto do rebanho esperando e assim também exposto aos perigos?

Pensando assim a posição de ambos é bem difícil, mas o que os diferencia é que somente o pastor possui CONSCIÊNCIA, enquanto a ovelha nasceu somente para ser conduzida.

Como em toda história esta também possui uma moral:
- Se você nasceu para ser ovelha, vigie, aja, fuja dos perigos.
- Se você nasceu para pastor, use sua consciência e pense no rebanho como um todo.
- Mas caso você tenha nascido para ser o lobo, espere, pois sempre haverá "ovelhas" que não percebem os lampejos do perigo, e sempre estarão prontas para serem a "bola da vez".

O que quero ressaltar, deixar absolutamente claro, é que por muitas vezes no decorrer de nossas vidas, iremos nos confrontar com verdadeiros lobos em pele de cordeiro.

Seres que cruzarão nosso caminho na melhor das intenções, com o objetivo de nos afastar do verdadeiro caminho da Unidade.

Precisamos deixar de ser ovelha. Mas se por alguma razão, algo o impedir de acordar, seja pela inércia, por falta de direcionamento, ou simplesmente por não querer assumir o seu real compromisso com a Luz, tome muito cuidado. Pois muitos se denominarão "pastores", dirigentes de templos, pessoas que se dizem compromissadas com a Luz mas que, na realidade, exercem a função de nos impedir de atravessar os Portais deste verdadeiro Umbral onde ainda nos encontramos.

A vida é feita de escolhas e em algum momento da sua, você também terá que optar, qual caminho vai querer percorrer, se o das Trevas ou da Luz.

Digo de novo: Cuidado! O inferno está cheio de boas intenções.

Acorde, ainda é tempo.

O inegável é que a dualidade existe, e para podermos voltar de novo a sermos Unos com Deus, teremos que manter as forças em equilíbrio – pelo menos até muitos tomarem consciência de que muito se tem feito pelo plano de Luz para prepararem nosso retorno.

A Divina Escada

Cada mortal que sobre a Terra surgir
Receberá de Deus uma escada para subir;
E esta escada cada um terá de galgar
Degrau por degrau. Desde o mais baixo lugar.
Vai percorrê-la passo a passo: desde o início
Ao centro do espaço, ao seu próprio principio.
Numa era passada, mas que hoje perdura,
Escolhi e moldei a minha escada; tu escolheste a tua.
Quer seja de luz ou seja obscura, por nós mesmos ela foi escolhida:
Uma escada de ódio ou uma de amor,
Seja ela oscilante ou firmada com vigor.
Quer seja de palha ou formada de ouro rei,
Cada uma obedece a uma justa lei.
E a deixaremos quando o tempo for esgotado;
Dela toma-se posse ao ser de novo convocado.
Por vigias, em frente ao portão cintilante,
Ela é guardada por cada alma passante.
Mesmo sendo a minha estreita e a tua alargada,
sozinho, chego a Deus por minha própria escada.
A de ninguém posso pedir, nem a minha emprestar;
Com o esforço em subir na sua, cada um tem de arcar.
Se em cada degrau que escalares,
Só barreiras e tormentas encontrares;
Se pisares sobre ferro enferrujado e madeira carcomida

A ti cabe transformar tudo isto para, seguro, galgares tua escada.
Reforça-la e tê-la sempre reconstruída.
É tarefa árdua, mesmo que longa seja a tua vida.
Chegando ao fim da escada, já terás cruzado a ponte
Que te dará todos os tesouros da Terra, e do Espírito Divino, a fonte.
Tudo que de outra forma se possa obter
Será ilusão apenas. Não se pode permanecer.
Em revoltas inúteis não faremos o tempo fugir
Subir, cair, reconstruir, cair, subir, reconstruir,
Cumpramos isto, até que a nossa carreira humana nos leve à Verdade,
Até que juntos homem e Deus, sejamos Uma só Divindade.[7]

---

7. Extraído do livro *Invocação à Luz* da Ponte para Liberdade.

CAPÍTULO 3

O Caminho da Transformação

*Se o homem carrega sua própria lanterna,
não precisa ter medo de escuro.*
Máxima Judaica

Agora que estamos cientes de que somos peças importantes deste tabuleiro que se chama vida e, conscientes que nossa evolução, apesar de depender exclusivamente de nós, está sendo avaliada e aguardada pelos seres de Luz, precisamos encontrar de novo o caminho.

E, tanto você leitor, quanto eu, teremos de tomar posse de nossa vida e saber que somos responsáveis por todo o direcionamento que dermos a ela.

Sei que falando assim, tudo se simplifica a tal ponto que mais parece "história da carochinha", um passe de mágica.

Mas já falei que em se tratando de evolução, passe de mágica só existe se entendermos que:

Somos o que criamos através do que pensamos e do que falamos.

Tudo muito simples, pena que o homem tem o poder de complicar até as pequenas coisas.

Mas, voltando ao que nos interessa, se entendermos que a palavra tem poder, descobriremos que podemos TRANSFORMAR toda nossa maneira de viver.

Sabendo que a mente cria e a palavra concretiza, descobriremos a verdadeira chave para abrirmos portas e mudarmos velhos conceitos a respeito de nós mesmos, simplesmente alterando a chave que programa nossa mente do negativo para o positivo.

Você deve estar se perguntando: Como?

O primeiro passo é descobrir *o que* na sua vida precisa ser modificado, que conceitos você vem acreditando que está te colocando nesta situação de conflito.

Perceba que além do que pré-estabelecemos para as nossas vidas, ainda herdamos de nossos pais e de nossos ancestrais, ideias, credos, afirmações que se acordarmos nada tem a ver conosco.

Basicamente, aceitamos como certo, o que talvez seja o nosso maior problema. Vou dar um ou dois exemplos bem comuns:

– Homem não presta.

Quantos de nós crescemos ouvindo esta frase? Imagine o que isto vai fazer na cabeça da pessoa; nunca ela terá confiança o suficiente no seu parceiro para partilhar uma vida ou um relacionamento.

– O dinheiro não traz felicidade.

Quem será que inventou tamanha bobagem? No Plano Divino não existe miséria e nem carestia, fomos criados para a fartura e abundância, e o dinheiro é um meio que temos de gerar esta abundância, basta sabermos lidar com ele.

Peço a você que neste momento, pegue um caderno e faça uma lista de suas qualidades e, numa outra folha, dos seus defeitos. Você ficará surpreso.

É muito importante que seja honesto com você mesmo.

Já terminou sua lista?

Se sua resposta foi sim, então podemos continuar. Quando comparar as duas listas preste atenção, e perceba:

1. Se você possui mais qualidades do que defeitos, ótimo, você está no caminho certo, pois fica mais fácil assim para conseguir direcionar o nosso caminho interior. Mas lembre-se, o que para você é qualidade, para o outro pode ser defeito.

2. Se você possui mais defeitos do que qualidades, seja bem vindo: como o resto da humanidade você faz parte desta Dimensão, e sendo assim é passível de erros e defeitos.

Então já que sabemos onde estamos, e também das nossas falhas, deixemos de lado nosso sentimento de culpa e de impotência diante da vida e mãos à obra.

Nessa lista, os itens que para você são defeitos, para mim, são pré-conceitos que teremos que mudar.

Temos que deixar de alimentar o que há de ruim em nós, à medida que encararmos que estamos vivenciando um processo de evolução, e quando também deixarmos de lado nossa fogueira de vaidades, perceberemos que este processo ficará muito mais leve. Se deixarmos de reforçar as nossas falsas crenças, mais facilmente deixaremos de alimentar o bicho-papão que nos prende neste patamar. Tudo depende de nós; se fizermos a nossa parte, poderemos juntos mudar toda esta engrenagem.

Basta começarmos por nós.

Primeiro, temos que nos permitir. As respostas geralmente nos são dadas de acordo com o modo que trabalhamos a nossa mente. Tenho que ressaltar que, em determinados momentos da nossa busca ou reforma pessoal, temos uma certa resistência em assumirmos as nossas próprias responsabilidades na conduta e na forma que iremos ao encontro das nossas respostas.

Geralmente saímos à caça de "Mestres" para que nos tirem dos ombros o fardo da nossa própria responsabilidade e o direcionamento dos nossos próprios caminhos.

Acho até que não é errado sermos direcionados. O errado é sermos induzidos a determinadas escolhas em nossas vidas sob o jugo do medo, do pecado, de credos que nos afastam do divino e do sagrado, e que nos levam a permanecer presos a antigos padrões simplesmente porque nada, nem ninguém, contestou ou se rebelou; seja por medo ou ignorância. Revendo tudo que já foi escrito, o que fica mais forte é a certeza que a

Magia da Vida nos permite construir o nosso futuro em cima das nossas ações, atitudes e pensamentos no dia de hoje.

Se isto é o que podemos chamar de Carma, obviamente teremos que preparar a nossa existência futura, para que não passemos por privações ou falta de comprometimento para conosco, como agora.

Tendo em vista que já tem sua listinha de pré-conceitos sobre sua pessoa, imagino que não tenha ficado bem registrado para você, que dissemos que *a palavra tem poder*.

Sendo assim, devemos sem sombra de dúvida, policiarmos a nossa mente. E perceba *a Mente – Cria*. Se *a Mente – Cria*, Cuidado com Ela.

Vivemos num momento onde os pensamentos se projetam de forma muito desordenada, o direcionamento para o externo é tanto que deixamos que milhões de pensamentos povoem a nossa Mente sem nenhuma quietude, sem nenhum parâmetro ou centro.

Simplesmente somos escravos de produtos soltos à deriva, armazenados neste mar que é o nosso inconsciente, acreditando em toda balela que nos chega sem ao menos nos acrescentar nada.

Como queremos transformações em nossas vidas, se não conseguimos nem administrar todo este caos?

Precisamos aprender urgentemente a comandar a nossa mente, praticarmos técnicas que nos faça entrar num estado de vibração positiva, de quietude mental, conseguirmos harmonizar os nossos pensamentos, serenarmos as nossas almas e aquietarmos o nosso íntimo.

Reserve uma hora do dia para você, (se acha que é muito, ou tem prioridades muito mais importantes do que você mesmo, então reserve alguns minutos). Mas reserve, lembre-se que o intuito é você achar o caminho.

Existem vários modos de se obter um estado de calma e serenidade, experimentem fechar os olhos e fazer uma oração. Não essas orações normais, deixem fluir de dentro de vocês, o amor e o agradecimento ao Pai, pela vida, sem preocupações com frases bonitas, simplesmente fale o que vai na sua alma. Se você acha que não tem muito pelo que agradecer, lembre-se da chance única que está tendo agora.

Quantas almas neste momento gostariam de poder ter a chance mágica de consertarem erros, ou se redimirem de culpas. Faça o melhor. Agradeça. Tenho certeza que depois da sua conversa com o Pai, se sentirá bem melhor.

Lembra-se da listinha com seus defeitos? Veja qual é o primeiro item.

Vamos supor que seja Medo. Chegou a hora de arregaçarmos as mangas e começarmos a trabalhar.

Relaxamento

Sente-se confortavelmente, mas mantenha uma postura correta.

Através de técnicas como esta você também vivenciará um estado de paz e serenidade, além do que, fortalecerá sua capacidade de percepção, e sentirá muito melhor o que está acontecendo no seu íntimo.

Respire tranquilamente.

Feche os olhos e deixe os seus pensamentos livres, não procure direcioná-los.

Não crie nenhum tipo de pressão.

Procure se concentrar somente na sua respiração.

Respire suavemente pelo nariz e conte até oito.

Deixe a sua respiração bem pausada.

Concentre-se na sensação de paz que você está sentindo.

O mundo exterior já não tem importância.

O que importa agora é a sensação de bem estar.

Procure perceber que o seu corpo também está relaxando.

De baixo para cima reina uma tranquilidade e bem estar.

Mentalize que tudo a sua volta está dentro de uma luz azul.

Esta luz te traz ânimo, força e segurança.

Respire esta luz azul.

Você está em segurança.

E esta segurança te faz sentir forte e capaz.

Sinta o poder que emana desta luz.

Você agora encontra-se totalmente seguro.

Projete isto em sua tela mental, veja-se fazendo ou realizando coisas que lhe dêem coragem.

Lembre-se, você está seguro.

E esta segurança lhe permite ser, criar ou viver o que você quiser.

Respire novamente até oito, bem suavemente, vá voltando e perceba que a sensação de ânimo, força e segurança, continuam com você, fazem parte de você.

Continue respirando e a seguir abra os olhos.

Perceba que a visualização trabalhou seu subconsciente.

Faça desta técnica uma constante, grave a sua voz, dando o comando do relaxamento, isto facilita bastante.

Quando você sentir que já está vencendo o que você chama de "defeitos", passe para o item seguinte.

Tenho certeza que modificará pré-conceitos, e que descobrirá novas qualidades que lhe ajudarão no seu processo de transformação.

Transformação Necessária

Transforme Mágoa em Perdão;
Transforme Prisão em Liberdade;
Transforme Tristeza em Alegria;
Transforme Pobreza em Prosperidade;
Transforme Doença em Saúde;
Transforme Crítica em Elogio;
Transforme Choro em Riso;
Transforme Impaciência em Paciência;
Transforme Maldade em Bondade;
Transforme Disputa em União;
Transforme Egoísmo em Doação;
Transforme Feiura em Beleza;
Transforme Desequilíbrio em Harmonia;
Transforme Pessimismo em Otimismo;
Transforme Preguiça em Ânimo;
Transforme Inércia em Ação;
Transforme Medo em Coragem;
Transforme Ignorância em Sabedoria;
Transforme Ódio em Amor;
Transforme Confusão em Paz;
Transforme Escuridão em Luz;
Transforme Descrença em Fé;
Transforme Desconfiança em Confiança;
Transforme Inimigo em Amigo;
Transforme Amor Próprio em Amor Universal.[8]

---

8. Texto extraído do livro *Anjos Guardiões e Cabalísticos* – Angela Marcondes Jabor.

CAPITULO 4

Mistérios Desvelados

"Em qualquer lugar que estejam os vestígios do mestre, os ouvidos daquele que estiver preparado para receber os ensinamentos se abrirão completamente".
Mestre Ocultista

Se voltarmos no tempo, lembraremos que ocorrerão situações no planeta que causaram um verdadeiro retrocesso no avanço da Humanidade em decorrência da perda de muitos registros da História que foram destruídos em nome de guerras, da Igreja e também de catástrofes como o incêndio da Biblioteca de Alexandria, para não citar outros tantos mais.

A Humanidade regrediu milhares de anos o seu conhecimento e poder, perderam-se no tempo várias respostas a perguntas que até hoje formulamos, e nem sabemos se um dia as obteremos.

Em nome de dogmas, guerras e crenças religiosas, o homem levou o Planeta Terra a um verdadeiro exílio, onde o tempo fez com que sucumbíssemos e perdêssemos nossa verdadeira memória.

Como o Pai é misericordioso, o plano de luz salvaguardou de nós, todo conhecimento até que despertássemos.

Levaram-se muitos anos para compreendermos que parte do que ainda pôde ser resgatado, ficou guardado a sete chaves pelas sociedades secretas e escolas iniciáticas.

Passando de mestre para mestre, de mestre para discípulo, os conhecimentos viraram segredos; histórias naturais que viraram estudos ocultistas; leis do ciclo da vida que viraram estudos esotéricos e magísticos.

Resumindo, o Plano de Luz guardou o conhecimento nas mãos de uma minoria e aguardou o momento em que o resto da Humanidade cumprisse o curso natural da vida, de uma forma adormecida, ignorante e descrente, sob o jugo de atrocidades realizadas em nome de Deus.

Nada poderia ser feito além disso, já que teríamos que responder, de uma maneira ou de outra, pelos nossos próprios desmandos, vivenciando milhões de anos à margem, na escuridão de nossa própria ignorância.

Com o passar dos tempos, os estudiosos e místicos foram preparando o Planeta e trazendo um maior número de conhecimentos à Luz.

Pela misericórdia do Pai e pelas hierarquias superiores, nossa Reintegração Cósmica vem sendo aguardada, e muitos seres ainda vêm em nosso socorro para nos conduzir a um Plano Melhor.

Por falar nisso, volto neste instante para o assunto de que se refere este capítulo. Quero deixar bem claro que é muito importante que você continue a trabalhar a sua transformação mental.

Revisando o que aprendemos sobre o Dom que possuímos, de poder transformar coisas negativas em positivas, usando somente nossa capacidade e força de vontade.

Sei que neste momento, se questiona até que ponto isto lhe ajudará no seu cotidiano, e até que ponto terá de se policiar, para conseguir atingir um nível de vibração mental positiva.

Como tudo que realizamos na vida com sucesso, requer uma boa dose de disciplina e direcionamento, sei que se empenhará ao máximo para alcançar o seu objetivo.

Lembre-se de que a Mente é uma inteligência criadora, e que a palavra será sua arma principal para vencer todos os obstáculos para chegar a esta inteligência divina, que também se manifestou em nós, como Criador.

Deus é o Verbo.

E nós a Criação.

Sendo assim, confirmo agora o que já foi tratado.

Lembre-se que somos o microcosmos dentro do macrocosmos, e ambos estão em expansão.

Nada é estagnado, tudo tem ritmo e movimento.

Chegou o momento de conhecer alguns princípios, leis naturais que no decorrer do tempo foram estudadas pelos grandes iniciados. Mas antes, quero transcrever um texto que além de ter tudo a ver com o que estou escrevendo, mostra claramente a seriedade com que o assunto deve ser tratado.

Fiz questão que ele fosse reproduzido na íntegra, pois foi escrito com muita propriedade e conhecimento, e acreditando que nada na vida nos acontece por acaso, acredito ainda que este trabalho veio parar em minhas mãos graças às forças que estão me motivando a escrever.

Voando pelo Céu de Athor [9] com o Sábio das Estrelas

Ele veio de lugares distantes e pousou nas terras quentes do Antigo Egito. Parecia um anjo, mas era um homem, semelhante aos da Terra. Devido à sua sabedoria, foi acolhido como um mestre.

No entanto, o que ele gostava mais era do contato com o povo simples do lugar.

Estava sempre de bom humor e seu rosto resplandecia quando sorria. Seus olhos brilhavam como duas estrelas.

Ele compartilhava seus conhecimentos estelares com aqueles que já estavam preparados para o claro entendimento dos princípios que regem o Cosmo.

Após as aulas noturnas ministradas dentro dos templos iniciáticos, ele costumava projetar-se para fora do corpo físico junto com seus discípulos.

Alçando vôo e singrando o céu de Athor, eles mais pareciam anjos luminosos, mas eram apenas pessoas iniciadas nas artes espirituais em plena ação.

Nos planos extrafísicos, ele aprofundava as explicações, aplicava os exercícios apropriados e continuava compartilhando sua sabedoria.

---

9. A Deusa da noite na cosmogonia egípcia.

Ele costumava dizer: "Cada ser carrega uma luz no coração e é portador de sublimes potenciais a serem despertados. Porém, antes disso, precisa ser provado no caminho das experiências necessárias ao seu burilamento. Precisa abrir o coração e servir ao Plano Maior. Antes do acesso à Consciência Cósmica, primeiro as lições de humildade, responsabilidade, respeito às leis da natureza e a vontade de servir à evolução da humanidade no anonimato. Trabalhar incessantemente sem os arroubos da arrogância, sempre consciente dos excelsos objetivos.

Nas trilhas da espiritualidade, não há espaço para objetivos mesquinhos e sabotagens diversas. Quem almeja o despertamento da luz estelar em si mesmo, precisa harmonizar-se com os objetivos que busca e com a lucidez e o amor em suas atividades.

Não é fácil brilhar, só os fortes de espírito conseguem conviver com o brilho estelar aceso em si mesmo e, ao mesmo tempo, serem apenas seres humanos normais com todos os percalços inerentes a esta condição.

Cada homem tem asas espirituais, mas precisa aprender a abri-las. Leva tempo para um homem transformar-se em anjo completamente, leva vidas e muita paciência. Primeiro há de treinar o anjo na carne, vida após vida. Lentamente as asas de luz vibrarão na freqüência estelar adequada. No devido tempo a ascensão ocorrerá, não por motivações místicas ou religiosas, mas pelo próprio nível de consciência manifestado.

Ninguém está no mundo por acaso! Só vence a roda reencarnatória quem apresenta serviço digno sem esperar nenhum tipo de recompensa ou reconhecimento. Só sairá da Terra para os mundos felizes ou para os planos da pura luz, aqueles que operarem dignamente na freqüência do amor e dos ditames superiores.

E que ninguém se engane: não há como enganar as leis de causa e efeito! A cada um segundo a abertura e vibração de suas asas!"

Ele explicou os princípios herméticos da maneira mais simples, sua didática era perfeita. Ele trazia o conhecimento das estrelas diretamente ao coração dos homens.

Em sete conceitos fundamentais ele resumiu a ciência estelar:
- Princípio de Mentalismo
- Princípio de Correspondência
- Princípio de Vibração
- Princípio de Polaridade
- Princípio de Ritmo
- Princípio de Causa e Efeito
- Princípio de Gênero

O sábio das estrelas ensinou essas leis herméticas para diversas gerações de iniciados que chegavam de vários lugares do mundo antigo para beberem na fonte de sua sabedoria.

Dotado da divina percepção, ele abria portais interdimensionais e observava espiritualmente os tempos futuros.

Em uma dessas vezes, ele viu alguém escrevendo em um estranho aparelho dotado de uma tela clara. Acima dessa pessoa, havia um raio de luz branca incidindo diretamente em seu chacra coronário. Ao seu lado, um espírito de porte real, austero, projetando um raio de luz azul marinho brilhante de seu chacra frontal ao chacra frontal do rapaz que escrevia.

Vendo aquela cena futura, ele riu. Pois, sabia que o texto era sobre ele. Sabia que os ensinamentos estelares passariam secretamente, de geração, até o ponto de serem compreendidos exotericamente[10] pelas pessoas de vários níveis e procedências, até o ponto de serem veiculados por aparelhos estranhos em suas próprias casas.

O sábio refletiu sobre aquela visão. Pensou:

"Será que as gerações futuras perceberão suas asas vibrando ao tomarem ciência dos princípios herméticos?
Serão impulsionadas pelos ventos da maturidade?
Sentirão o toque do infinito em seus corações e mentes?
Serão serenas em suas pesquisas espirituais?

---
10. Aberto; explícito. Não confundir com Esotérico; fechado, secreto, hermético.

Estarão munidas da devida paciência? Serão fortes para enfrentarem seus medos e bloqueios de frente, como desbravadores espirituais das fronteiras dimensionais?

Estarão imbuídos de real valor em seus estudos?

Serão pessoas conscientes de que são estrelas do Todo viajando pelas vidas em corpos adaptados às suas necessidades de aprendizado e compreensão?

Terão certeza da própria imortalidade?

Serão pessoas lúcidas, amorosas, alegres, sensatas, responsáveis e equânimes em seus propósitos?

Singrarão os céus de Athor como anjos fora de seus corpos carnais?

Viajarão conscientemente para fora da Terra, rumo aos planos extrafísicos elevados para outros aprendizados, enquanto seus corpos dormem?

Agradecerão ao Supremo Comandante da vida as oportunidades de ascensão que cada experiência humana oferece?

Perceberão a União?"

Terminada sua missão nas terras quentes do Antigo Egito, o sábio ascendeu às esferas superiores, além dos fugazes brilhos terrenos. Parecia um anjo, mas era apenas alguém conectado à Consciência Cósmica. Era apenas um ser realizado nas artes espirituais.

Não era como muitos iniciados de hoje, cheios de graus iniciáticos misturados com arrogância e egoísmo exacerbado. Aquele homem-anjo-estelar era simples consciência e amor, sempre de bom humor, pleno de esperanças no futuro dos homens, da Terra e de outros orbes. Seus ensinamentos estão marcados indelevelmente na pele espiritual do planeta e no coração dos iniciados responsáveis de todos os tempos.

Esse sábio das estrelas foi conhecido por diversos nomes ao longo da História: Toth no Egito; Hermes na Grécia; Mercúrio em Roma; Henoc para os judeus; Mensageiro de Osíris para os iniciados; Hermes Trimegisto (Trimegistus, Trimegistro), o Três Vezes Grande!

Wagner Borges – Texto n° 235,
do Instituto de pesquisas Projeciológicas e Bioenergéticas

CAPITULO 5

Princípios ou Leis

"Os Princípios da Verdade são sete; aquele que os conhece perfeitamente possuí a Chave Mágica com a qual todas as portas do templo, podem ser abertas completamente."

O Caibalion[11]

Do velho Egito saíram os preceitos fundamentais esotéricos e ocultos que tão fortemente têm influenciado as filosofias de todas as raças, nações e povos, por milhares de anos. Foi a Pátria da Sabedoria Secreta e dos Ensinamentos místicos.

Viveram no antigo Egito os grandes Adeptos e Mestres, entre eles, o sábio Hermes, o pai da Ciência Oculta, fundador da Astrologia e o descobridor da Alquimia.

Depois de muitos anos de sua partida deste plano de existência, os egípcios deificaram Hermes e fizeram dele um dos seus deuses, sob o nome de Thoth.

Muitos anos depois, já na Antiga Grécia, também o deificaram com o nome de Hermes, o Deus da Sabedoria, reverenciando-o por séculos a sua memória, ajuntando-lhe como distintivo, seu antigo título "Trimegisto" – O Três vezes o Grande.

Relembrando, todo conhecimento foi passado de mestre para mestre, de mestre para discípulo, sempre preservando o conhecimento; eles

---

11. Na linguagem secreta, Caibalion significa tradição ou preceito manifestado por um Mestre.

ignoravam o preceito "não lançar pérolas aos porcos", mas conservavam o princípio de dar leite para as crianças e carne para os homens feitos, máximas que são familiares a todos os leitores das Escrituras, mas que já eram usadas pelos egípcios, muitos séculos antes da era cristã.

Ainda hoje, apesar de todo um trabalho de despertar, de Reintegração, visto a transição da Nova Era muitos de nós ainda são consideradas crianças, cuja informação não pode ser passada por falta de amadurecimento e responsabilidade.

Cabe a nós o nosso crescimento, a nossa transformação, para que todos possam beber na fonte da sagrada sabedoria.

Pela benevolência e amor a nós, estes seres de Luz, com amor fraternal, preparam o caminho para podermos juntos singrar os Céus de Athor.

Hermes Trimegisto nos trouxe Sete Princípios ou Leis fundamentais, que regem o nosso Universo, e nossa vida. Estes preceitos constituíam realmente nos princípios básicos da Arte da Alquimia Hermética, o Segredo e a Chave do Conhecimento.

Tais conhecimentos deram origem às atuais Escolas de Pensamentos e também a outras tantas mais, como a Psicologia, a Química, Astronomia, e por que não, a Magia.

Por estarmos trilhando o caminho do despertar, estas Leis, para nós, são essenciais para alcançarmos a verdadeira Transmutação Mental e sabermos a forma que elas se manifestam em nossa vida.

"A Mente (tão bem como os metais e os elementos) pode ser transmutada de estado em estado, de grau em grau, de condição em condição, de pólo em pólo, de vibração em vibração. A Verdadeira transmutação hermética é uma Arte Mental."- O Caibalion

Princípios Herméticos

I – *Princípio de Mentalismo*

"O Todo é Mente; o Universo é Mental."

- **Essência:** Toda criatura e toda criação faz parte da Mente Divina.
- **Mensagem**: Como seres físicos, carregamos a genética de nossos antepassados; como criaturas, carregamos a genética do nosso Criador.
- **Direcionamento**: nossas mentes participam da mente criadora, que possui conhecimento e potencialidade plenos.

II – *Princípio de Correspondência*

"O que está em cima é como o que está embaixo, e o que está embaixo é como o que está em cima."

- **Essência:** Todo ser vive e participa de várias dimensões de espaço e tempo, tendo realidades no microcosmo e no macrocosmo.
- **Mensagem**: A energia e a força mental são capazes de captar e resgatar informações de espaço e tempo sempiternos[12] e plenos.
- **Direcionamento**: Nós participamos naturalmente do macrocosmo, podendo atuar e captar energias, mensagens e imagens do presente, do passado, e do futuro, bem como de um espaço distante do nosso. Este processo em que o microcosmo contém o macrocosmo é provado através do processo do DNA.

---

12. Adjetivo: Característica do que persiste, do que se mantém ou se conserva, para sempre. Que é eterno: Deus é sempiterno. Qualidade do que é excessivamente velho ou antigo. Etimologia (origem da palavra sempiterno): do latim sempiternus.

III – Princípio de Vibração

"Nada está parado; tudo se move; tudo vibra."

- **Essência:** Toda matéria é dotada de movimento e vibrações.
- **Mensagem:** Vivemos num Universo de vibrações, energias e mensagens. Todo espaço guarda vibrações das situações que passaram por ele e nossa mente capta cenários invisíveis através das ondas vibratórias.
- **Direcionamento:** O Criador nos dá mais esta capacidade para nos auxiliar nas decisões e escolhas, para que possamos participar dos fatos e das energias do presente, do passado, e do futuro através da vibração.

IV – Princípio da Polaridade

"Tudo é Duplo; tudo tem pólos; tudo tem seu oposto; o igual e o desigual são a mesma coisa; os opostos são idênticos em natureza, mas são diferentes em grau; os extremos se tocam; todas as verdades são meias-verdades; todos os paradoxos podem ser reconciliados".

- **Essência:** Todo oposto complementa e se completa com seu oposto.
- **Mensagem:** As realizações só se concretizam quando os opostos se unem. Agir no equilíbrio pleno é a força real da ação.
- **Direcionamento:** A energia negativa (-) é tão "boa" ou "má" quanto a energia positiva (+).
  Tudo que vem de energia não é estático nem constante porque não tem limites.
  A eletricidade é o resultado da união de dois opostos. A ação plena é a conciliação e o conhecimento das duas verdades.

V – Princípio de Ritmo

"Tudo tem fluxo e refluxo; tudo tem suas marés; tudo sobe e desce; tudo se manifesta por oscilações compensadas; a medida do movimento à direita é a medida do movimento à esquerda; o ritmo é a compensação."

- **Essência:** Tudo que se movimenta se alterna e participa de mudanças.
- **Mensagem:** O Universo das energias é cíclico e mutável.
- Quando trabalhamos com energias e vibrações, a lógica e a ação sofrem influências contínuas, que exigem reciclagem e atualizações constantes para a finalização de um ciclo.
- **Direcionamento:** As coisas estão sempre em constante movimento, um ciclo sempre é diferente do outro, mesmo participando do mesmo caminho e das mesmas etapas. A renovação faz parte da natureza e a ação realizadora está no saber dar, receber, reciclar, conciliar, neutralizar, dominar e atuar com os diferentes ritmos do fluxo e refluxo dos ciclos da vida.

VI – Princípio do Gênero

"O gênero está em tudo; tudo tem o seu princípio masculino e o seu princípio feminino; o gênero se manifesta em todos os planos."

- **Essência:** A Criação só se concretiza com a união do receptivo e do projetivo.
- **Mensagem:** Toda criatura é composta pelo elemento masculino e pelo elemento feminino.
- A negação de um deles altera a essência do ser.
- **Direcionamento:** Tudo e todos têm seu lado feminino e masculino. É assim que o Universo é formado. Masculino possui feminino e vice-versa. O termo chinês yin-yang considera essa ideia a base para o equilíbrio, tanto em sua característica criativa como objetiva. O nosso anima (poder feminino) e o animus (poder masculino) devem estar sempre em harmonia.

Obs.: A essência não entra na esfera de opção sexual. A essência se refere à constituição total do ser: físico, mental, emocional e energético.

VII- Princípio da Causa e do Efeito

"Toda Causa tem seu Efeito, todo Efeito tem sua Causa; tudo acontece de acordo com a Lei; o Acaso é simplesmente um nome dado a uma Lei não reconhecida; há muitos planos de causalidade, porém nada escapa à Lei."

- **Essência**: Nada no mundo acontece por acaso, tudo tem sua causa, e essa Causa é o Efeito de outra Causa, e assim por diante, é uma cadeia infinita de Causas e Consequências.
- **Mensagem**: Todas as energias lançadas no Universo entram em um ciclo de energias, provocando um efeito em cadeia. Para realizarmos qualquer previsão ou projeção energética, temos que ter o perfeito domínio da reação que causará no fluxo, para obtermos o efeito desejado dentro da esfera de probabilidades.
- **Direcionamento**: Toda ação praticada em nossas vidas, ou na vida de outras pessoas, com a intenção de alterar o fluxo natural das coisas, deve ser cuidadosamente estudada, compreendida e dosada, para que as causas e os efeitos não anulem, alterem ou modifiquem a sua essência.

Ao tomarmos conhecimento destas Leis ou Princípios e aprendermos a reconhecê-las no fluxo da nossa vida, entenderemos bem mais facilmente que a verdadeira Transformação Mental só ocorre quando dominarmos a Arte da Atenção por meio da Vontade.

Se realmente queremos mudar o que estamos vivendo, ou nosso estado Mental, basta mudarmos a nossa Vibração, passando para um estado de Vibração mais agradável.

Caso não saiba como alterar este estado de vibração, comece colocando em prática o *Princípio de Polaridade*, e concentre-se sobre o polo oposto que queira alterar.

Exemplo: Se for possuído pelo Medo (lembra-se da sua listinha?) não perca tempo tratando de destruir o medo, mas cultive imediatamente a qualidade de Coragem, e o Medo desaparecerá.

Para destruir uma qualidade negativa, concentre-se no Pólo Positivo. Pela mudança da sua Polaridade, poderá dominar os seus defeitos, mudar os seus estados mentais, refazer suas disposições e formar o seu Caráter.

Sabemos que nada é fácil, mas para alcançarmos o nosso verdadeiro objetivo, o de entendermos melhor a nós mesmos, temos que viabilizar para nós o melhor caminho.

E este caminho é o que nos possibilita sermos aquilo que realmente almejamos que um dia fôssemos, ou melhor, que um dia seríamos.

Como já foi dito, os ciclos da Vida são uma constante, e sem eles não há crescimento, fazem parte do *Princípio do Ritmo*, que tanto se manifesta no Plano Mental, quanto no Físico.

Imaginem que temos um pêndulo mental, cujo movimento vai da direita para a esquerda, de um extremo ao outro, nos levando a ter uma sucessão de sensações e sentimentos, mexendo com as nossas emoções, e basicamente, nos deixando totalmente instáveis.

Como obter um controle em tal situação, sem dor e sem sofrimento, se a todo o momento estamos propensos a altos e baixos?

A resposta para esta pergunta, nada mais é que NEUTRALIZAÇÃO.

Só conseguiremos dominar em parte a ação do ritmo, conscientemente, se usarmos a Lei da Neutralização. E não se assuste, você não comprou um livro de direito por engano, onde terá de estudar leis e decretos. Tudo na vida está dentro de Leis e na mais perfeita Ordem que rege o Universo.

Vou dar um exemplo:

Quando estamos passando por uma emoção muito negativa, só conseguiremos neutralizar o Ritmo que nos leva ao extremo de uma sensação a outra se mantivermos a nossa consciência num Plano Superior, elevando-se mentalmente, e deixando que as energias oriundas do Plano Inferior passem sem que sejamos atingidos.

Na vida nada escapa do *Princípio da Causa e Efeito*, mas existem vários Planos de Causalidade. Podem-se empregar as leis do plano superior para vencer as leis do inferior.

Pela compreensão das práticas da Polarização, quando tomarmos consciência do nosso poder e força, e nos tornarmos aptos a dominar nossas condições e emoções, nos elevaremos a um plano superior de Causalidade e assim contrabalançaremos as leis dos planos inferiores.

Outro exemplo:

As massas populares são impulsionadas, obedientes aos seus guias, às vontades e desejos dos outros mais fortes que elas, aos efeitos das tendências hereditárias, às sugestões dos que a rodeiam, e a outras coisas exteriores, que tendem a movê-las no tabuleiro de xadrez da vida como simples peões.

Elevando-se sobre estas causas influentes, conseguiremos alcançar um plano elevado de ação mental, e dominando as nossas condições, nossos impulsos e nossas sensações, criaremos para nós novos caracteres, qualidades e poderes, pelos quais dominaremos os que ordinariamente nos rodeiam, e assim nos tornaremos praticamente jogadores em vez de peões. Tornar-nos-emos pessoas que ajudam inteligentemente a ganhar o jogo da vida, sem sermos movidas no nosso caminho, e caminhando com mais força e vontade. Empregam o princípio da Causa e Efeito sem serem empregados por este.

Sem dúvida que ainda as mais elevadas estão sujeitas ao princípio como ele se manifesta nos planos superiores, mas nos planos inferiores, são Senhores em vez de escravos.

"Os Sábios servem no plano superior, mas governam no inferior. Obedecem às leis que vêm de cima deles, mas no seu próprio plano e nos inferiores a eles, governam e dão ordens. E assim fazendo formam uma parte do Princípio, sem se oporem a este. O Sábio concorda com a Lei, e compreendendo o seu movimento, ele opera em vez de ser cego escravo.

Do mesmo modo que o hábil nadador volta o seu caminho e faz este caminho, conforme a sua vontade, sem ser como a barca que é levada para cá e para lá: assim é o sábio em comparação do homem ordinário; e, contudo, o nadador e a barca, o sábio e o ignorante, estão sujeitos à Lei. Aquele que compreende isto está bem no caminho do Domínio."

O Caibalion

Espero que cada um possa compreender o real significado da palavra DESPERTAR e, como no filme "MATRIX", vocês tenham escolhido a pílula vermelha.

Pois o conhecimento é um caminho sem volta.

A seguir deixo mentalizações, de acordo com os Sete Princípios, que podem nos ajudar no dia a dia.

I- *Princípio Mental*

- **Linguagem Mental**: "Eu tenho a consciência que a Mente Divina me provê de tudo que necessito, para entrar em harmonia com o meu Eu interior."

II- *Princípio de Correspondência*

- **Linguagem mental:** "A Força que rege o Universo, se manifesta harmoniosamente no meu corpo físico e espiritual, e me conduz serenamente na minha jornada."

III- *Princípio da Vibração*

- **Linguagem Mental:** "O Deus único dentro do meu ser, me põe em contato com a vibração, das forças que regem a providência divina, pois faço parte integrante do Plano de luz."

IV- *Princípio da Polaridade*

- **Linguagem Mental:** "Estou em constante equilíbrio com a dualidade dentro do meu ser, pois sou fonte inesgotável de energia".

V- *Princípio do Ritmo*

- **Linguagem mental:** "Meu Eu Interior, manifesta-se plenamente de acordo com os ciclos da nossa existência, transmutando, renovando, crescendo, constantemente de acordo com a vontade do Criador".

VI- Princípio do Gênero

- **Linguagem mental:** "Estou em paz com a dualidade existente em meu interior, ambos estão em harmonia com os ciclos da vida".

VII- Princípio da Causa e do Efeito

- **Linguagem mental:** "Tudo o que é criado em minha mente, manifesta-se de acordo com as leis que regem o Universo."

CAPITULO 6

Abrindo Portas Interiores

*"Se der a luz ao que há dentro de você, aquilo a que der a luz o salvará.
Se não der a luz ao que está dentro de você, aquilo a que der a luz o destruirá."*
Jesus – The Gnostic Gospels

Não sei se você já percebeu, mas quando passamos a viver somente na ilusão e deixamos de vivenciar os caminhos da realidade, nosso espírito, que anseia pela verdade, atrai para nossa vida pessoas ou situações que servem de espelho para que possamos acordar.

Às vezes traímos nossa própria Alma, nossa própria Essência Divina, e é ela que nos conduz aos caminhos da felicidade.

Coloquei em suas mãos direcionamentos que nos foram passados há séculos, e ainda estão sendo passados; o momento que estamos vivendo é tão importante, que irmãos cósmicos de hierarquias superiores estão encarnando nesta 3ª dimensão, somente para nos ajudar a romper conceitos e traçar novas diretrizes e caminhos para avançarmos nesta jornada.

Temos que tomar consciência da preparação que a Humanidade vem tendo há milhares de anos só para atravessarmos este momento de transição de Eras, mesmo sabendo que esta mudança já começou de 1996 para 1997, com o final da Era de Peixes e o começo da Era de Aquarius.

Fatores muito importantes já estão ocorrendo nas nossas próprias vidas, e nem nos apercebemos destes fatos.

E lembre-se, estamos vivenciando ainda esta transição; a entrada definitiva na Era de Aquarius ainda não ocorreu, e isto nos afeta tanto materialmente quanto espiritualmente.

Com a verticalização do eixo planetário, não só o Planeta Terra, mas todo o nosso Universo, está sofrendo um processo de nova acomodação. Essas mudanças, até se completarem, estão fazendo com que atravessemos um processo de aceleração tamanha que muitos de nós não estamos preparados nem física, nem espiritualmente para o processo de transição.

Muitos de nós ainda colocamos a responsabilidade de tudo o que nos acontece, ou das simples ou grandes manifestações da natureza, nos ombros do Criador, mas esquecemos de que tudo isto resulta dos nossos atos e pensamentos.

"Onde quer que o equilíbrio vibratório do mundo, entre o bem e o mal seja perturbado por um acúmulo de vibrações nocivas, ver-se-á a destruição."

Paramahansa Yogonanda

Não quero de maneira nenhuma contribuir com uma corrente de pensamento onde se acredita que o fim do mundo está próximo. Nem mesmo apregoar fatalidades e cataclismos da natureza; quero simplesmente que tanto você quanto eu assumamos o papel que nos cabe, e a responsabilidade de resgatarmos as nossas consciências, para ajudarmos a manter o equilíbrio planetário, e o principal, o equilíbrio de nossas próprias vidas.

E não conheço outra forma senão o de enfrentar um processo de Autoconhecimento já que isto é descobrir em si mesmo respostas bastante simples, como:

Quem sou eu?

O que quero para minha vida?

Qual caminho devo seguir?

E o mais importante: O que vim fazer aqui?

E não vale tirar o registro de identidade do bolso, e simplesmente, dar-se por satisfeito. Vá mais para dentro. As respostas estão todas aí.

Você pensou que seria fácil?
Enganou-se.

Autoconhecimento requer mexer com emoções adormecidas, bloqueios, traumas, sentimentos e, *Abrir Portas Interiores*, é você despojar-se daquilo que você pensa que é, e seguir buscando na realidade o caminho para encontrar o seu verdadeiro Eu.

É trabalhar com seu Inconsciente, lembrando-se da atemporalidade, ou seja, para o inconsciente, não existe presente, passado e nem futuro.

Tudo está aí, à mercê do seu querer, e lembre-se: Já dissemos que tudo faz parte de um processo de descoberta, que poderá levar um segundo ou uma eternidade, tudo depende de você.

E o principal caminho é você ter a certeza de que:

Você é um espírito que possuí um corpo,
e não um corpo que possuí um espírito.

Não pensem que tudo é a mesma coisa. Não, como espíritos, sabemos que somos resultado de tudo que já vivenciamos. E como espíritos encarnados, esquecemos, o que é pior, que trazemos dentro de nós toda está bagagem. O que é mais triste, é que muitos de nós desperdiçamos esta grande oportunidade, que é estarmos encarnados e podermos resgatar ou acrescentar em nossa bagagem novos ensinamentos.

Abrir portas interiores é ter a sabedoria do Caminho que queremos ou devemos seguir.

Precisamos neste momento resgatar o nosso melhor, nosso poder, nossos talentos, e de uma forma sucinta e clara, termos o poder de concentração para entrarmos em contato com a dualidade dentro de nós, e equilibrarmos as forças que permeiam nossa balança interna e que nutre o poder do bem e do mal dentro de cada um.

A realidade dessas duas forças internas deve ser canalizada para nos impulsionar a alcançarmos nossos objetivos, sejam materiais ou espirituais, mas sempre, sempre, sempre tendo a certeza de que possuímos o nosso Carma Individual (inconsciente individual) e também de que fazemos parte do Carma gerado pelo meio, humanidade terrestre (Inconsciente Coletivo), e que ambos intrinsicamente resultarão no nosso amanhã.

A expansão do nosso Universo, a progressão rotatória do Planeta Terra, tudo isso são projetos da Evolução da obra de Deus, mas a manifestação de como isto ocorrerá, está sendo e sempre será respeitada pela Lei que rege o livre-arbítrio da raça humana.

Benditos sejam aqueles de outras esferas, que estão encarnando em nosso meio para nos ensinar a Abrir nossas Portas Interiores, pois só assim poderemos quebrar velhos conceitos e vislumbrar um novo amanhã.

Irmão Estelar

Bendito sejas tu irmão
Que entraste no meu caminho,
para me tirar da escuridão.

Bendito sejas tu irmão
Que desceu as esferas menores,
por Amor e Compaixão.

Bendito sejas tu irmão,
Que veio romper o véu de Maya
das mentiras e Ilusão.

Bendito sejas tu Irmão,
que renovou a minha fé,
e me abriu novos canais.

Bendito sejas tu irmão,
Que me lembrou,
da minha verdadeira missão.

Bendito sejas tu irmão,
Que me deu a chave mágica
para abrir portais.

Bendito sejas tu Irmão,
Que como eu, és filho de Deus,
E que como irmão,
Me ensinou a amar.

Bendito sejas tu Irmão
Que veio das estrelas,
Para abrir caminhos,
para muitos passar.

E Bendito seja o Pai
Que uniu nossos caminhos,
para nos abençoar.

CAPÍTULO 7

Você é um escolhido?

Tudo é questão de despertar sua alma.
Gabriel García Márquez

Muita gente anda se sentindo esquisita, reclamando de indisposição, tristeza, insônia, dificuldade de concentração e até de relacionamentos. Perguntaram-me o que eu achava se poderia ser mesmo energético, em virtude da aceleração em que estamos vivendo, e da transformação em que o planeta está passando. Também tenho sentido alguns sintomas diferentes, vários que se adequam a estes que me perguntaram, e outros mais. Mas se pensarmos que estamos vivendo mudanças, não somente espirituais, mas também físicas, seria até plausível vivermos a ansiedade e o vazio de alma em que muitos se encontram.

Chegamos num momento que o mundo inteiro está passando por algum tipo de dificuldades ou problemas.

Crises financeiras, guerras, inversão de valores, de credos, disputas por terras, migração em massa...

São tantos movimentos que estamos vivenciando, que nem nos apercebemos da ansiedade crônica pela qual a maioria de nós está passando. Já ouvi dizer que estamos vivendo o apocalipse, que o plano espiritual está nos preparando para uma possível ascensão para outra dimensão e até para uma possível invasão alienígena.

Não estou aqui para dizer o que esta correto ou não, se é possível ou não. Só sei que estamos vivendo uma varredura, uma limpeza em uma escala muito grande.

As sujeiras estão saindo debaixo do tapete, esta é a verdade. Até no vaticano, papéis secretos foram divulgados.

Muitas pessoas nem se ligam nestas questões, estão adormecidas nas suas consciências, ainda não se deram conta de que fazemos parte de uma coisa muito maior. Outras se agarram às suas crenças pessoais, à espera de um Redentor, ou da vinda do próprio mestre, para tirá-las da miséria humana e espiritual em que se encontram. E ainda outras, à espera de discos voadores que as arrebanhem para outras dimensões do espaço (e olha que já fui uma delas), esperando descobrirem suas possíveis missões espirituais como seres escolhidos; por seus dons e sensitividades.

Diante do que falei, perder o sono, ficar deprimido, triste, desorientado, e sem saber que rumo tomar, é muito natural...

Se não buscarmos nossos centros, com certeza iremos ir de uma ponta a outra, da materialidade desenfreada, como para a espiritualidade beirando a surtos psicóticos.

Cuidado com o que escolhem para suas vidas. O resultado pode ser catastrófico, ou na melhor opção, irá viver no Himalaia com monges budistas, ou começará a conversar com Asthar Sheran[13] enquanto toma banho.

Eu particularmente já vi de tudo, e também, devo confessar já vi fadinhas sem fumar um "cigarrinho do capeta".

Acho que tudo faz parte, na busca de nós mesmos...

A única missão que você tem, e acredite em mim, é para com a tua própria evolução, com seu aperfeiçoamento moral, espiritual.

Você acordando, despertando para a realidade da vida, deixando ilusões e "estórias da carochinha", já estará fazendo um grande serviço à espiritualidade.

Se alguém te perguntar, qual é tua missão, diga sem medo: Ser um ser melhor do que fui ontem.

Acredite...

---

13. Um suposto ser extraterrestre que, segundo os que nele creem, comanda uma vasta armada de naves espaciais.

Sim, você é...

Entre milhões de almas, era você que deveria estar vivenciando este momento.

A Reintegração Cósmica do nosso planeta já está sendo aguardado há muitos e muitos íons de tempo.

O Despertar da humanidade vem sendo conduzido e ajudado pelas hierarquias divinas, desde os remotos tempos como já vimos, fomos preparados para enfrentar todas as forças contrárias que se opõem à "volta para casa".

Uns sucumbem de suas missões pelo caminho, preferem ficar adormecidos, contentes de fazerem parte desta roda reencarnacionista, que nos conduz a nascer, viver, procriar e morrer.

Outros, como eu ou você que está se interessando por este assunto, escolhemos ou fomos escolhidos para irmos além do que a ilusão permite.

Desde a mais tenra infância, nossa mente nos confundia com os nossos amiguinhos imaginários, nossas intuições e nossa visão para um mundo paralelo de 4º dimensão, já nos tornávamos candidatos a sermos "diferentes", médiuns, sensitivos, esquisitos para uns, e até endemoniados para outros.

Ser diferente não significa ser melhor que os outros. Mas trazermos em nossa alma, registros que indicam a verdadeira missão, e a inquestionável certeza de que não estamos aqui por acaso.

Muitos de nós ficamos pelo caminho e deixamos que o magnetismo pesado desta terceira dimensão, nos afastasse do propósito no qual, cada um de nós estava preparado.

Como espíritos encarnados neste planeta Terra, tínhamos que ser fortes suficientes para abrir caminhos para gerações futuras e bem mais preparadas que nós.

Os sentimentos negativos que muitos de nós sentimos, a depressão que agride muitos, a falta de direcionamento de outros, nada mais é do que a certeza de que não estamos de alguma forma cumprindo o que deveríamos estar, que é nossa missão de evoluir e ajudar outros a evoluírem também.

Peregrinos deste Planeta Chamado Terra

Luz no Coração de todos os Peregrinos deste Planeta Chamado Terra.

Alguém neste momento deve estar se perguntando o porque do nome: "Peregrinos de um Planeta Chamado Terra".

Eu me sinto assim, e como eu, muitos devem se sentir também.

Buscamos a nós mesmos, numa eterna procura pelo nosso próprio "GRAAL[14]".

Submetemo-nos desde o nosso nascimento, a todos os tipos de influências e controles externos. Herdamos de nossos pais e ancestrais padrões de conduta e pensamentos, e nem percebemos se estamos vivenciando nosso próprio Caminho, ou o deles.

Como presos na "MATRIX" (referência ao filme), vivenciamos o dia a dia, sem perguntas nem respostas, sujeitos à acertos e erros. Colhendo resultados que podem definir o rumo de nossas vidas.

Mas quem já não errou? Quem já não se arrependeu, ou descobriu que foi feliz e não sabia?

Vocês podem estar se perguntando, mas sou feliz assim?

Erros e acertos fazem parte da Vida.

Mas me nego a repetir os mesmos erros.

E se acertei. Se estou, momentaneamente feliz, ótimo. Sinal que venho fazendo a lição de casa.

Mas o fluxo da vida faz com que passemos para outras fases, a ânsia que nos movimenta em direção ao futuro, fazendo com que nos aventuremos por caminhos desconhecidos, nos leva a um processo de Auto Conhecimento.

E aí é que está. Aí é que começa nossa Peregrinação.

---

14. Santo Graal é uma expressão medieval que designa normalmente o cálice usado por Jesus Cristo na Última Ceia, e onde, na literatura, José de Arimateia colheu o sangue de Jesus durante a crucificação[1], entretanto a origem do Santo Graal é muito anterior ao cristianismo, o Graal já existia entre os Celtas (BEHREND 2007).

Somos peregrinos em busca de nós mesmos, da nossa própria Evolução. Ninguém esta aqui de passagem.

Estamos incondicionalmente prontos a experimentar uma nova proposta de Vida. E para isto temos que estar Conscientes de quem somos. O que queremos e o principal, o que vamos fazer da nossa Vida. Afinal, lutamos bravamente, em meio de milhões de espermatozoides, para estarmos aqui. E o Segredo desta Caminhada, é estarmos conscientes deste processo e sair da dormência, do estado autômato, que até num passado recente estávamos. A Evolução é nossa meta, só conscientes cresceremos. Só conscientes iremos alçar novos rumos no caminho do Amanhã. Como Peregrinos estamos em busca de nós mesmos. E como cenário de fundo, temos este Planeta maravilhoso chamado Terra.

CAPÍTULO 8

Quem disse que seria fácil?

Você, que desceu à Terra para mais uma experiência no corpo, jamais deixou de ser um cidadão do universo.

Hoje em dia é muito comum encontrarmos pessoas médiuns e sensitivas. Cada vez mais este número de pessoas aumenta. Antes era difícil você encontrar alguém com dons ou sensitividade. As pessoas eram estigmatizadas, tratadas como bruxas, curandeiras, benzedeiras, macumbeiras e aí afora. Precisavam ser rotuladas para se explicar a diferença entre ser dito normal e "médium".

Ser médium era sinônimo de missão árdua, de sofrimento e abnegação. Não posso dizer o contrário, pois sei que só se consegue atingir uma maturidade espiritual aquele que já descobriu seu caminho desde muito cedo.

Para estes, a espiritualidade deixa de ser um bicho de sete cabeças. Sabem que existe um mundo além da matéria, além da percepção humana limitada e da busca espiritual. As perguntas que se fazem, mostram que têm um caminho a percorrer, levando quase ao despertar de suas consciências. Digo quase, porque como o resto da humanidade, médiuns ou não, são também vítimas de suas escolhas.

E os erros... esses são as vírgulas de cada parágrafo escrito na vida de um ser humano.

A pergunta que podem estar se fazendo:

Só os sensitivos e médiuns, são capazes de despertar suas consciências?
Não.

Todo ser humano é capaz de despertar. Não importa sua religião, seu credo, ou seus dogmas. O que importa, e é imprescindível, é que ele seja livre para seguir seus próprios questionamentos, sem se ater a nada que o distancie da realidade.

Isto vai de encontro aos dogmas e crenças?

Sim, e aí esta a chave que nos leva ao autoconhecimento.

Quando encontramos sensitivos, buscadores do mundo espiritual, além da matéria, percebemos que são pessoas que sofrem uma série de situações que antigamente até se confundiam com problemas espirituais.

Hoje encontramos pessoas, que mesmo não sendo espíritas, são sensíveis ao caminho que percorrem como são também, sensíveis aos caminhos que seus semelhantes percorrem. Ferem-se, adoecem, fragilizam-se, por se distanciarem cada vez mais dos anseios de suas almas. Depressão, bipolaridade, ansiedade, síndrome do pânico, são somente algumas respostas que constatamos, ao nos deparar com o vazio sem explicação que estas pessoas se encontram.

A negação da realidade em que conhecem na vida, com algo que suas essências lhe sugerem, cria um abismo monumental, que as arrastam ao sofrimento pessoal, e também coletivo. E coletivo sugiro, quando se agregam a doutrinas que as conduzem a uma lavagem cerebral, e as tornam ainda mais presas à ilusória felicidade terrena.

Como estava dizendo, pessoas mais sensíveis a outras, estão numa conexão constante com o inconsciente coletivo.

Sabem e percebem que este inconsciente atua e vai além do que muito se percebe.

Para você que está se perguntando se é sensitivo, aí vai uma boa explicação:

O que é um sensitivo? Ser um sensitivo ou empata, significa ter a capacidade de perceber e ser afetado pelas energias alheias, além de possuir uma capacidade inata de sentir e perceber intuitivamente outras pessoas. A vida de um sensitivo é inconscientemente influenciada pelos desejos, pensamentos e estados de espírito dos outros, é muito mais do que ser altamente sensível e não está limitado apenas às emoções. Pessoas mais sensíveis podem perceber sensibilidades físicas e impulsos, bem como saber as motivações e intenções de outras pessoas.

Aqui estão as 30 características mais comuns de um sensitivo:

1. *Saber:* o sensitivo sabe coisas, sem lhes ser dito. É um conhecimento que vai além da intuição, mesmo que essa seja a forma como muitos poderiam descrever o saber. Quanto mais sintonizados eles são, mais forte este dom se torna.

2. *Estar em locais públicos pode ser avassalador:* lugares como shoppings, supermercados ou estádios, onde há uma grande quantidade de pessoas ao redor, pode preencher o sensitivo com emoções turbulentas vindas de outras pessoas. Como já mostramos anteriormente, há um estudo que relaciona a sensitividade à ansiedade social.

3. *Sentir as emoções e tomá-las como suas:* este é grande fardo para sensitivos. Alguns deles vão sentir emoções vindas daqueles que estão perto e outros poderão sentir as emoções de pessoas a uma grande distância, ou até ambas. Os empatas mais sintonizados irão saber se alguém está com maus pensamentos sobre eles, até mesmo a uma grande distância.

4. *Assistir violência, crueldade ou tragédias na TV pode se tornar insuportável:* Quanto mais sintonizado um sensitivo se torna, pior se torna o ato de ver televisão. Pode acontecer, eventualmente, este ter de parar de assistir determinados programas e filmes.

5. *O sensitivo sabe quando alguém não está sendo sincero:* se um amigo ou familiar está dizendo mentiras, ele sabe disso (embora muitos empatas tentam não se focar nesse conhecimento, porque saber quando alguém está mentindo, principalmente um ente querido, pode ser doloroso). Se alguém está dizendo alguma coisa, mas se ele sente ou pensa de outra, o sensitivo simplesmente sabe.

6. *Captar os sintomas físicos de outra pessoa:* um sensitivo pode desenvolver as doenças de outra pessoa (constipações, infecções, dores no corpo, entre outros problemas), especialmente daqueles que são mais próximos.

7. *Distúrbios digestivos e problemas nas costas:* o chakra do plexo solar tem base no centro do abdômen e é conhecido como a sede das emoções. Este é o lugar onde o sensitivo sente a emoção, o que pode enfraquecer a área e, eventualmente, levar a qualquer problema, desde úlceras estomacais à má digestão. Os problemas nas costas podem se desenvolver, pois quando uma pessoa não tem conhecimento de que é empata e não está preparada, terá quase sempre a sensação de estar "sem chão".

8. *Sempre olha os oprimidos:* qualquer um cujo sofrimento, dor emocional, vítima de injustiça ou intimidado, chama a atenção e a compaixão de um sensitivo.

9. *Outros irão querer descarregar os seus problemas, até mesmo estranhos:* um sensitivo pode se tornar uma lixeira para questões e problemas de muita gente, e se não tiver cuidado, pode acabar utilizando esses problemas como seus.

10. *Fadiga constante:* o sensitivo muitas vezes fica sem energia, seja de "vampiros" de energia ou apenas captando em excesso a energia dos outros, que até mesmo o sono não cure. Muitos são diagnosticados com Fadiga Crônica ou até Fibromialgia.

11. *Personalidade possivelmente viciada:* álcool, drogas, sexo, são apenas alguns vícios que os empatas podem recorrer para bloquear as emoções dos outros. É uma forma de autoproteção, a fim de se esconder de alguém ou de algo. Pode não se tornar um vício, mas, em menor escala, um hábito regular.

12. *Atração para a cura, terapias holísticas e outras coisas metafísicas:* embora muitos empatas gostariam de curar os outros, muitos podem acabar se afastando dessa vocação (mesmo possuindo uma capacidade natural para isto). Qualquer coisa que tenha uma natureza

sobrenatural é de interesse para o sensitivo, que não se surpreende ou fica chocado facilmente. Mesmo com uma revelação que muitos considerariam impensável, por exemplo, os empatas teriam reconhecido que o mundo é redondo, mesmo quando todos os outros acreditavam que era plano.

13. *Criatividade:* cantar, dançar, atuar, desenhar ou escrever, um sensitivo terá uma forte veia criativa e uma imaginação muito fértil.
14. *Amor pela natureza e animais:* estar ao ar livre é uma obrigação para o sensitivo e os animais de estimação são uma parte essencial da sua vida. Podem não os ter porque acredita que eles devem ser livres, mas têm grande carinho e proteção por eles.
15. *Necessidade de solidão:* um sensitivo vai se agitar e ficar bastante louco se não receber algum tempo de silêncio. Isto é ainda mais evidente em crianças empatas.
16. *Fica entediado ou distraído facilmente se não for estimulado nas tarefas mais rotineiras:* trabalho, escola e vida doméstica devem ser interessantes para um sensitivo ou eles se desligam delas e acabam sonhando, rabiscando ou procrastinando.
17. *Consideram impossível fazer coisas que não gostam:* como no anterior, parece que eles estão vivendo uma mentira ao cumprir obrigações. Forçar um sensitivo a fazer algo que ele não gosta, através da culpa ou do medo, e até mesmo o rotulando como passivo, servirá apenas para irritá-lo.
18. *Luta pela verdade:* isso se torna mais predominante quando um sensitivo descobre suas características de nascença. Qualquer coisa que ele sinta que está completamente errada.
19. *Sempre à procura de respostas e conhecimento:* ter perguntas sem resposta pode ser frustrante para um sensitivo, e eles irão se esforçar para encontrar uma explicação. Se eles têm um conhecimento sobre algo, eles irão procurar a confirmação. O lado ruim disso pode ser a sobrecarga de informações.

20. *Gostam de aventura, liberdade e viagens:* os sensitivos são espíritos livres.
21. *Abomina a desordem:* ela traz uma sensação de peso ao sensitivo, bloqueando o seu fluxo de energia.
22. *Adora sonhar acordado:* um sensitivo pode olhar para o espaço por horas, ficando em um mundo muito próprio e de muita felicidade.
23. *Acha a rotina, as regras ou o controle aprisionante:* qualquer coisa que tire a liberdade é debilitante para um sensitivo.
24. *Propensão para carregar peso sem necessariamente se desgastar:* o excesso de peso é uma forma de proteção para impedir a chegada das energias negativas que têm tanto impacto em si.
25. *Excelente ouvinte:* o empata não vai falar de si, a menos que seja para alguém em quem realmente confia. Ele gosta de conhecer e aprender com os outros e genuinamente cuidar.
26. *Intolerância ao narcisismo:* embora sensato e generoso e muitas vezes tolerante para com os outros, o sensitivo não gosta de ter pessoas ao seu redor excessivamente egoístas, que se colocam em primeiro lugar e se recusam a considerar os sentimentos dos outros, ou pontos de vista diferentes do seu.
27. *A capacidade de sentir os dias da semana:* um sensitivo sentirá o "Sentimento de Sexta-feira", quer ele trabalhe às sextas-feiras ou não. Eles captam sobre como o coletivo está sentindo. Um longo final de semana de feriado, por exemplo, pode ser sentido por eles como se o mundo estivesse sorrindo, calma e relaxadamente. Domingo à noite, segundas e terças-feiras de uma intensa semana de trabalho, têm um sentimento muito pesado.
28. *Não vai escolher comprar antiguidades, vintage ou coisas em segunda mão:* qualquer coisa que tenha sido pré-propriedade, carrega a energia do proprietário anterior. Um sensitivo vai mesmo preferir ter um carro ou uma casa nova (se ele estiver em uma situação financeira que lhe permita isso), sem energia residual.

29. *Sente a energia dos alimentos:* muitos sensitivos não gostam de comer carne ou aves, pois eles podem sentir as vibrações, especialmente se o animal sofreu.

30. *Pode parecer mal-humorado, tímido, indiferente, desconectado:* dependendo de como um sensitivo se sente, isso irá influenciar como ele se mostra para o mundo. Ele pode ser propenso a mudanças de humor e se ele capta energia muito negativa, aparecerá calado e insociável, parecendo mesmo um miserável. Um sensitivo detesta fingir ser feliz quando está triste, isso só aumenta a sua carga (torna o trabalho, quando é preciso fazer o serviço com um sorriso, muito desafiador) e pode fazê-lo sentir como que se estivesse escondendo debaixo de uma pedra.

Se você pode se identificar com a maioria ou com todos os itens acima, então você é definitivamente um sensitivo.

Os empatas estão passando por um momento particularmente difícil no momento presente, captando todas as emoções negativas que estão sendo emanadas para o mundo a partir da população, que sente as dificuldades da sociedade atual e das mudanças que estão acontecendo por todo o planeta.

(Artigo produzido pelo Spirit Science)

Identificou-se?
Eu também.
Bem vindo ao mundo fora da Matrix.

Mas isto é só o começo, ainda estamos muito longe de podermos lançar mão de nossas capacidades extras sensoriais e ajudar a curar as mazelas do mundo.

Muito se tem feito pelo plano de Luz para preparar-nos para viver este momento.

A Humanidade tem que esgotar do seu campo emocional a dualidade inerente que nos aprisiona a esta dimensão.

Se os bons herdarão a Terra, a mesma tem que se depurar para alçar novos lugares dentro do que lhe é esperado.

Mas como temos um papel muito importante dentro de todo contexto, nosso campo emocional é que vem sendo depurado, para que todos se sintam prontos para acessar suas "Caixinhas de Pandora" e abrirem mão de quem eram e tomarem posse de quem são.

Descobrindo que o segredo de tudo é Ser e Não Ter.

CAPÍTULO 9

Assumindo a Divindade Dentro de Nós

A melhor maneira que o homem dispõe para se aperfeiçoar é aproximar-se de Deus.
Pitágoras

Antes de prosseguirmos, vamos capitular uns pontos importantes.

Como já vimos e revimos o caso não é sonhar ou deixar de sonhar, muito menos esperar ser feliz como se tudo dependesse da vontade divina.

O caso é que o despertar das ilusões deixou de ser opção pra ser de absoluta necessidade.

Muitos estão enfrentando um choque de realidade, sem preparo ou disciplina. A consciência desperta enxerga o modo de vida de outra forma. Muito se tem falado, mas poucos ouviram o chamado da vida. As mudanças e falta de preparo aumentam os casos de depressão e todas as síndromes ditas emocionais.

Acordar, despertar... É enxergar a vida como ela é. É deixar de colocar sobre os ombros do Divino as responsabilidades que são nossas. Se os sonhos impulsionam as nossas vidas, as decepções pela não concretização dos mesmos causa as frustrações e infelicidade.

Vivemos almejando a tal felicidade, e jogando sobre os ombros alheios a responsabilidade que nos cabe. Deixamos de viver o hoje, deixamos de olhar com os olhos da alma as pequenas e corriqueiras coisas que verdadeiramente nos deixa felizes. A inversão de valores é tão grande, que preferimos viver num eterno conto de fadas.

Cuidado... Sonhos se concretizam quando lutamos para vê-los realizados, mas o não fazê-lo, com certeza é frustração na certa. Se a vida esta apertando o cerco, prepare-se. Despertar... é sair do automático, e vislumbrar novas potencialidades, com os aplicativos que Deus nos mandou de fábrica. É entender o processo chamado Fé, sem o jogo do "se me der eu dou", ou "se me der eu acredito". O negócio é viver um dia de cada vez, pra entender as novas regras do jogo.

Mas vamos ao que interessa: Hoje por duas vezes, li e ouvi depoimentos de pessoas distintas em lugares diferentes. A abordagem era semelhante, e o assunto o mesmo. Será o acaso, batendo em minha porta? Uma pergunta que talvez eu me fizesse, caso eu acreditasse em ACASO.

Mas o importante, e o que realmente interessa, é o assunto abordado...

"Reconheça o Poder Divino em Você"

Este era o assunto e eu mesma, por muitas vezes, já escrevi sobre o fato, mas diante da "coincidência", fiquei pensando sobre o tema.

Muitas pessoas ainda buscam Deus no externo, como se fosse um Ser à parte. A visão de Deus acaba variando de pessoa para pessoa, de religião para religião. Uns até o enxergam como um Ser punitivo, onde o pecador, se não andar na linha, pode até mesmo acabar amargando no fogo eterno. Outros o enxergam como a figura de barba, semelhante a Jesus, que ao ouvir as nossas preces virá até nós atender nossos mais variados apelos. E olhem que em matéria de apelo, nós somos bons.

Quando falta o dinheiro para pagar o aluguel, lá estamos nós a apelar.

Quando desempregados, olha lá mais um apelo.

Quando somos abandonados, ou nos encontramos doentes, lá vai mais um.

Esperamos que os milagres se operem em nossas vidas, e que desçam do céu, para nos tirar das aflições.

E por infinita misericórdia, muitas e muitas vezes somos atendidos, mesmo tendo esquecido que o GRANDE MILAGRE, é reconhecer em nós a própria divindade. Sendo o homem a Imagem e semelhança de Deus, e o reino de Deus estando dentro de nós, o porquê então, da dificuldade em aceitar a Divindade dentro de nós, como nossa real natureza?

Assumindo a Divindade em nós, iremos entender que a Infinita Sabedoria do Criador nos concedeu como herança divina todos os recursos para nós mesmos, operarmos em nossas vidas, nossa grande transformação.

Devemos assumir a Infinita Luz de Deus em nós, e compreender que como seus filhos, temos o direito e o dever de manter esta Luz acesa em todos os momentos da nossa vida.

Cientes que somos seres em constante construção, arquitetos de nós mesmos, somos responsáveis pela nossa mudança e a mudança do meio em que vivemos.

Toda uma hierarquia espiritual, trabalhando para assumirmos, o poder intransferível, e a conexão verdadeira de quem verdadeiramente somos.

Como manifestações vivas da criação de Deus, a cada geração de seres encarnados, muito se tem percebido na evolução da humanidade. E o que podemos discernir, é tocante ao momentum em que a Centelha Divina se manifesta, nos colocando na posição única de co-criadores de nossas vidas.

Submeter-nos a encontrar a Divindade no externo, é nos afastar da própria Luz que nos gerou. Ficando o homem à mercê de um mundo ilusório, criado pelo Ego distorcido e afastado do mundo da Luz.

Libertado o homem de suas amarras, quanto a dogmas e crenças e cada um despertando para uma nova realidade, fica claro que tudo isto já vinha sendo esperado, pelas egrégoras de Luz.

A vida inteira é um processo de evolução, e com o passar dos anos o homem vai aprendendo as lições da vida e chegando ao amadurecimento. Cada um cresce no seu tempo, no seu ritmo, uns mais rápido, outros de forma mais lenta, e é assim mesmo que deve ser.

Ensinamentos do Zohar por Shmuel Lemle

Que neste momento, você como eu, sinta a força que nos liga a Deus... entenda de uma vez por todas que somos "Deuses Físicos em ação, moldando nossas vidas e nosso destino".

Entrando em contato com nosso Eu Interior

Dispo-me de sentimentos que me afasta de quem realmente sou... Tranquilizo minha mente e acalmo todo ambiente ao meu redor. Invoco a presença Eu Sou, e deixo que se esvazie de mim, todos os medos, dúvidas e incertezas.

Tenho consciência que o caminho é tentar fazer o meu melhor... Sem dramas, culpas ou cobranças... Distancio-me de tudo que tira minha tranquilidade, pois neste momento sou parte importante da conexão que se estabelece com meu Eu Interior.

Ele é a essência divina em ação. A Chama Sagrada que permanece acesa dentro de mim.

Nossa sintonia me traz a paz das crianças dormindo...

É um amor tão grande que pulsa através de cada célula viva do meu organismo, que sinto ser puro amor...

É o perdão por todas as criaturas, e principalmente pelo meu próprio ser, pelos erros cometidos contra o Criador e as criaturas...

É a gratidão de ser parte desta grandiosa corrente que nos une e a Força e o Poder de tornar-me consciente neste meu processo de crescimento.

Que meu Eu Interior receba neste momento de oração e luz, toda a Luz necessária para equilibrar as forças dentro do meu Eu, e que nada possa impedir ou quebrar esta conexão de amor e paz.

Assim seja

Abaixo transcrevo um decreto de libertação, onde assumimos ao Universo a nossa divindade.

Decreto de Libertação

"Eu (digam seus nomes completos), um Anjo de Luz, encarnado em Terra, para viver as experiências que o Todo precisava, estou neste momento, dentro desta energia, dentro deste Amor que aqui vibra, procedendo à minha libertação. Eu quero, agora, assumir a minha Divindade. Eu quero, agora, viver para o Espírito, na alegria, na felicidade, na abundância e na prosperidade. Estou ciente de que dores, tristezas, angústias, solidão e pobreza são ilusões. São ilusões que fazem parte da dualidade. Eu, um Arcanjo de Luz, tenho em mim toda a Luz do Universo. E assim sendo, eu quero assumir a minha maestria, a minha Luz e, toda a potencialidade do que Eu Sou.

Eu Sou o que Eu Sou.

Eu Sou o que Eu Sou.

Eu Sou o que Eu Sou.

CAPITULO 10

O que está acontecendo com o Mundo?

*Eu poderia viver recluso numa casca de noz
e me considerar rei Do espaço infinito...*
Shakespeare

Uma boa pergunta...
O que está acontecendo com o mundo?
Percebemos que em vários lugares do planeta, as mudanças se operam em cadeia. Na economia, na política, nas diferenças sociais e religiosas.
Tudo parece sofrer com a crise econômica internacional, com a falta de compreensão entre os povos, com guerras e atentados em nome de Deus.
Como em todos os lugares, a inversão de valores está sendo cobrada com alto preço, que faz com que as pessoas também busquem mudanças.
Aqui, como lá, a faxina que está acontecendo em nível mundial não nos deixa de fora. Vou me ater ao Brasil atual, por tudo que estamos vivenciando na política e em sociedade.
Sofremos neste momento, uma tremenda faxina no inconsciente coletivo. Nunca se viu tanta sujeira porque antes, tudo ia pra debaixo do tapete. Era normal a sacanagem toda. Está no DNA. Desde ao expurgo que Portugal mandou de suas prisões, ladrões, assassinos, espúrias da sociedade, tudo de ruim, para estas terras brasileiras. Fatiou-se o Brasil, sob o nome de Tratado de Tordesilhas, e colocaram esta escória aqui, exilando-os nesta terra, chamada Brasil.

Infelizmente esta é a verdade. Somos descendentes desta leva de espíritos, que muito teriam que ser purificados.

Hoje a espiritualidade luta pra que haja uma depuração neste carma. Na política, nunca vimos uma leva de homens sem moral e sem caráter, que fogem de suas obrigações para com a sociedade, para somente pensar em negociatas e em corrupção desmedida. Mas amigos, mesmo lembrando que fomos nós que votamos neles, temos que entender que a transformação é pra todos. Não adianta eu cobrar ética se minha vida passa longe dos valores morais que me qualificam pra ser a dona da verdade.

Precisamos ter noção de que é na casa de cada um que começa a verdadeira transformação. Na educação dos filhos, na conversa com amigos, nos encontros sociais, nas eleições pra síndico, na escolha de agentes comunitários. O povo tem que entender que se vivo num país onde as virtudes são execradas, e os vícios são engrandecidos, a inversão de valores, vai construir homens sem valores e sem moral.

Temos que ajudar a espiritualidade a trazer tudo à tona. Independente de partido politico ou classe social.

A *Lei de Gerson* tem que acabar. Chega de querer levar vantagem em tudo. Se tudo está assim, eu, você, eles, todos sem exceção, somos culpados.

Enquanto não valorizarmos as virtudes, a ética, a moral e desqualificarmos as inversões em que fomos envolvidos, perderemos a dignidade de se viver num país, que se orgulhe de ser cidadão.

Que cada um ajude na limpeza que está ocorrendo e levante o tapete também de suas casas e de suas vidas.

Uma árvore só é frondosa, quando suas raízes são profundas...

Se tentarmos fugir do equilíbrio e da dualidade da força... Ao menor sinal de tempestade, iremos ver ruir tudo que levamos uma vida inteira para ser e estar. Estamos em constante construção de nós mesmos numa guerra eterna com nosso gênio contrário.

Antes de tentarmos transformar o mundo, precisamos transformar a nossa própria estrutura interna... Nossos pensamentos, nossos hábitos, nossa visão do outro e do mundo.

Nada será como antes... E o que é hoje...nunca chegará a Ser, se não for plantado em solo fértil, com boas sementes e por um bom jardineiro.

O respeito ao próximo, nos garante um grande começo, nesta mudança que estamos enfrentando.

Fingir que tudo está bem no nosso mundo, é não enfrentar a vida, olhando seu semelhante como Unidade.

Para estarmos em plenitude, meu semelhante, meu próximo, tem que estar em plenitude. A realidade da nossa consciência planetária, nos torna elos de uma mesma corrente. O tempo para despertar se finda. Nortear aqueles que ainda, se encontram dormentes e iludidos com o "véu de maya" [15], é a missão de quem já se deu conta de que não iremos a lugar nenhum, se não percebermos a realidade do que nos espreita.

Faça sua parte...

Que os nossos corações se compadeçam daqueles que não despertaram suas consciências, para a depuração energética, que o planeta esta passando. Cabe a nós divulgar as necessidades desse despertar, para que todos juntos possamos alçar novas oportunidades de conhecimento e vida.

Os desencontros, as inversões de valores, as dificuldades de entendimento, o desamor e a falta de ética moral, afastam-nos cada vez mais do processo de ascensão que tanto almejam nossos irmãos de luz.

Todo um processo de preparação para o que estamos passando, há muito já vem sendo colocado em prática, para amenizar os efeitos que isto ocasionaria na dualidade, na vida de cada um de nós.

Mas muitas almas, ainda em expiação cármica, se negam e rejeitam acordar para a realidade de um novo ciclo. Encontramos cada vez mais, pessoas assoladas pelo despreparo, vivenciando a dor da depressão e tristeza, sem entender que o despertar para uma nova realidade se faz necessário.

---

15. O Véu de Maya é nome dado pelos Hindus para a percepção da nossa realidade física. Essa percepção seria uma "falha" de nossos sentidos. Maya é o nome de uma deusa indiana que representa a ilusão em todas as suas manifestações. A ilusão do mundo físico é Maya. De acordo com os Vedas, Maya lança um véu sobre o deus Brahman, a última realidade. Na filosofia budista, o Véu de Maya está associado ao esquecimento das reencarnações anteriores na vida atual.

Pensar na coletividade, no outro como se fosse nós mesmos, é um dos caminhos, para ascender em si mesmo a chama trina do amor, sabedoria e compaixão.

A purificação de nossos pensamentos, atos e palavras, expurga toda força contrária, que nos impede de vivenciar de forma tridimensional o "céu em terra", elevando-se assim a um estágio maior, nossa capacidade de amor e gratidão. Acordar, despertar, se faz urgente... Acordar desta dormência, que nos prende ao ego de nossas vaidades, é o único caminho para tomarmos consciência de que nada somos se não formos UM.

Mas nem tudo está perdido...

Aqui, como no mundo, já começam ocorrer mudanças claras no modo de vida de parte da sociedade.

Há algo de grandioso acontecendo no mundo

Ainda não nos demos conta de que algo extraordinário está acontecendo. Há alguns meses, me descolei da sociedade, me libertei das amarras e medos que me prendiam ao sistema. E desde então, passei a ver o mundo sob uma diferente perspectiva. A perspectiva de que tudo está se transformando e a maioria de nós sequer se deu conta disso.

1- Ninguém aguenta mais o modelo de emprego

Cada um está chegando ao seu limite. Pessoas que trabalham em grandes corporações não aguentam mais seus empregos. A falta de propósito começa bater à porta de cada um como um grito de desespero do peito.

As pessoas querem sair. Querem largar tudo. Veja quantas pessoas tentando empreender, quantas pessoas tirando períodos sabáticos, quantas pessoas estão em depressão no trabalho, quantas pessoas em burnout[16].

---

16. Síndrome de Burnout é um distúrbio psíquico de caráter depressivo, precedido de esgotamento físico e mental intenso, definido por Herbert J. Freudenberger como "(...) um estado de esgotamento físico e mental cuja causa está intimamente ligada à vida profissional".

2- O modelo do empreendedorismo também está mudando.

Há alguns anos, com a explosão das *start-ups*[17], milhares de empreendedores correram para suas garagens para criar suas ideias bilionárias. A glória dos empreendedores era conseguir um investidor. Grana do investidor na mão era praticamente a taça da Copa do Mundo.

Mas o que acontece quando você recebe um aporte de investidor?

Você volta a ser um funcionário. Você tem pessoas que não estão alinhadas com seu sonho, que não estão nem aí para seu propósito e tudo passa a girar em função do dinheiro. O retorno financeiro passa a ser o principal dever.

Muita gente está sofrendo com isso. Excelentes start-ups começaram a patinar porque o modelo de buscar dinheiro nunca tem fim.

É preciso uma nova forma de empreender. E tem muita gente boa já fazendo isso.

3- O surgimento da colaboração

Muita gente já se ligou que não faz sentido ir sozinho. Muita gente já acordou para essa loucura que é a mentalidade do "cada um por si".

Pare e pense friamente. Não é um absurdo, nós que somos 7 bilhões de pessoas vivendo no mesmo planeta, nos separarmos tanto? Que sentido faz, você e os milhares (ou milhões) de pessoas que vivem na mesma cidade virarem as costas umas para as outras?

Mas felizmente as coisas estão mudando. Todos os movimentos de economia colaborativa estão apontando nessa direção. A direção da colaboração, do compartilhamento, da ajuda, de dar as mãos, da união.

E isso é lindo de se ver. Até emociona.

---

17. Dentro do segmento das empresas de pequeno porte, existe uma modalidade de empresas específica: as empresas emergentes (start-ups), que podem ser definidas como empresas iniciantes de tecnologia (Fernandes, 2015). Uma empresa emergente é uma empresa recém-criada, ainda em fase de desenvolvimento e pesquisa de mercados. O termo tornou-se popular internacionalmente durante a bolha da internet, quando um grande número de "empresas.com" foram fundadas.

4- Estamos começando finalmente a entender o que é a internet

A internet é uma coisa incrivelmente espetacular e somente agora, depois de tantos anos, estamos conseguindo entender o seu poder.

Com a internet, o mundo se abre, as barreiras caem, a separação acaba e a união começa, a colaboração explode e a ajuda surge. Alguns povos fizeram revoluções com a internet, como a *Primavera Árabe*.

Aqui no Brasil estamos começando a usar melhor essa ferramenta magnífica. A internet está derrubando o controle de massa. Não tem mais televisão, não tem mais uns poucos jornais dando as notícias que querem que a gente leia. Cada um vai atrás daquilo que quer. Cada um se une com quem quiser. Cada um explora o que quiser explorar.

Com a internet, o pequeno passa a ter voz. O anônimo passa a ser conhecido. O mundo se une. E o sistema pode quebrar

5- A queda do consumismo desenfreado

Por muitos anos fomos manipulados, estimulados a consumir como loucos. A comprar tudo que era lançado, a ter o carro mais novo, o primeiro iPhone, as melhores marcas, muita roupa, muito sapato, muito muito, muito tudo.

Mas as pessoas já começaram a sacar que isso tudo não faz sentido. Movimentos como o lowsumerism[18], slow life[19], slow food, começam a aparecer pra mostrar que nos organizamos da forma mais absurda possível.

---

18. Lowsumerism é um termo que vem do inglês Low Consumerism que, traduzindo ao pé da letra, seria algo como "consumir pouco" – mas o conceito é algo que vai muito além disso. Em português, o termo que combinaria melhor com essa ideia seria "consumo equilibrado".
19. Esse movimento, defende a ideia de uma vida sem atropelos, trazendo propostas para uso mais prazeroso e equilibrado do tempo. Colocando o pé no freio, movimentos mundiais deram largada ao culto à vagareza. Neles, desacelerar passou a ser a palavra de ordem. Em casa, no trabalho, nas relações e no ritmo interior, levar a vida com mais calma pode se transformar na tendência comportamental dos próximos anos. O pessoal do slow food, por exemplo, foge das refeições apressadas.

Cada vez menos gente usando carro, cada vez menos pessoas comprando muito, cada vez mais gente trocando roupas, doando, comprando usado, dividindo bens, compartilhando carros, apartamentos, escritórios.

A gente não precisa de nada disso que falaram que a gente precisava. E essa consciência quebra qualquer empresa que vive do consumo desenfreado.

6- *Alimentação saudável e orgânica*

A gente era tão louco que aceitou comer qualquer lixo. Era só ter um sabor gostoso na língua que estava uma beleza. A gente era tão desconectado, que os caras começaram a colocar veneno na nossa comida e a gente não falou nada.

Mas aí um pessoal começou a acordar e começaram a dar força pro movimento de alimentação saudável, de consumo de orgânicos. E isso vai ganhar força.

Mas o que que isso tem a ver com economia e trabalho? Tem tudo a ver! A produção de alimentos é a base da nossa sociedade. A indústria alimentícia é uma das principais do mundo. Se a consciência muda, se nossa alimentação muda, a forma de consumo muda, e as grandes corporações precisam acompanhar essas mudanças.

O pequeno produtor está voltando a ter força. As pessoas começando a plantar sua própria comida também.

E isso muda toda a economia.

7- *Despertar da espiritualidade*

Quantos amigos você tem hoje que fazem yoga? E meditação? Quantas pessoas faziam isso 10 anos atrás?

A espiritualidade por muitos anos era coisa do pessoal do esoterismo. Era coisa de gente esquisita do misticismo. Mas felizmente isso está mudando. Chegamos ao limite da nossa racionalidade. Pudemos perceber que só com a mente racional não conseguimos entender tudo que se passa aqui. Tem mais coisa acontecendo e eu sei que você quer entender.

Você quer entender como essas coisas que acontecem aqui funcionam. Como a vida opera, o que rola depois da morte.

O que é essa parada de energia que tanto falam? O que é física quântica? Como é que os pensamentos podem se materializar e criar nossa realidade? O que são as coincidências e sincronicidades? Por que quem medita é mais tranquilo? Como é possível curar com as mãos, e essas terapias alternativas que a medicina não aprova, mas funcionam?

Empresas promovendo meditação aos funcionários e escolas ensinando meditação para crianças.

8- *Movimentos de desescolarização*

Quem criou esse modelo de ensino?
Quem escolheu as matérias que você precisa estudar?
Quem escolheu os temas que são estudados nas aulas de história?
Por que não nos ensinaram sobre outras civilizações antigas?
Por que uma criança deve aprender a obedecer regras?
Por que ela deve assistir a tudo em silêncio?
Por que ela deve vestir uniforme?
Por que fazer uma prova para confirmar que você aprendeu?

Criamos um modelo que forma seguidores do sistema. Que prepara pessoas para serem seres humanos ordinários e medianos.

Mas felizmente também, tem muita gente trabalhando para mudar isso.

Movimentos de desescolarização, *hackschooling*[20], *homeschooling*[21].

---

20. Hackschooling é o nome para a experiência de escolarização fora da escola. A palavra origina de outra Hacker que significa um indivíduo que se dedica, com intensidade incomum, a conhecer e modificar os aspectos mais internos de dispositivos e redes de computadores. Mas neste contexto significa um ensino que se propõe a desafiar e a modificar os sistemas visando melhorá-los de uma forma diferente. É uma mudança de mentalidade.
21. Homeschooling é o ensino doméstico ou domiciliar é "aquele que é leccionado, no domicílio do aluno, por um familiar ou por pessoa que com ele habite",em oposição ao ensino numa instituição tal como uma escola pública, privada ou cooperativa, e ao ensino individual, em que o aluno é ensinado individualmente por um professor diplomado, fora de uma instituição de ensino. O ensino doméstico é legalizado em vários países como Estados Unidos, Áustria, Bélgica, Canadá, Austrália, França, Noruega, Portugal, Rússia, Itália e

Talvez você nunca tenha pensado nisso e esteja em choque com o que estou colocando aqui. Mas tudo isso está acontecendo. Silenciosamente, as pessoas estão acordando, se dando conta da loucura que é viver nessa sociedade.

Olhe para todos esses movimentos e tente pensar que tudo está normal. Eu acho que não está.

Escrito por Gustavo Tanaka,
texto retirado de seu Blog Pessoal.

Nova Zelândia e proibido em países como a Alemanha, a Suécia e Brasil, onde é crime. A maioria dos países exige uma avaliação anual dos alunos que recebem educação domiciliar. No Brasil é considerado crime, previsto no artigo 246 do Código Penal e ocorre quando o pai, mãe ou responsável deixa de garantir a educação primária de seu filho.

CAPÍTULO 11

Nem tudo são flores

Nem tudo na vida são flores,
mas quando forem, regue-as.
Gibran Calheira

Se alguém lhe disser que na vida tudo são flores, concorde com a cabeça, fazendo à fina e saia de mansinho.

Às vezes me repito, mas antes lembrar novamente que passar despercebido. O número de pessoas que estão prontas para acordar é grande, mas a falta do autoconhecimento as torna presas fáceis, para que se deixem ficar pelo caminho.

Vítimas do despreparo se atolam em conflitos internos, depressões, desânimo, perdem o contato com sua alma, e vagueiam pelo mundo dos sonhos e pesadelos sem fim.

Vivem numa busca desenfreada por algo que desconhecem, que nem sabem do que se trata. Uma insatisfação tão grande que se entregam, num caminho escuro e sombrio. Sabem que algo as espera, suas intuições lhe sinalizam que mudanças tem que ser feitas, e em vez de encontrarem as respostas em si mesmas, buscam no externo, no mundo as respostas que somente sua alma pode lhe fornecer.

"Aquele que olha para fora sonha.
Mas o que olha para dentro acorda"
Gustav Jung

Dê uma chance a você...

Dissipe as trevas dos seus pensamentos, multiplicando luz em tuas ações e atitudes.

Encare de vez a realidade, que somos seres duais, que carregamos em nós a dualidade pertencente a esta dimensão.

Nossa guerra íntima vai durar até o fim da nossa vida.

O aprendizado é aqui e agora. Pensar que as oportunidades vão esperar que você assuma tuas responsabilidades, é um erro crasso. Pensar que estamos prontos para ser canonizados, abduzidos, plenos de luz para viver no Himalaia, é a armadilha mais comum, usada por nosso Ego. Justificar falhas, erros e enganos, para justificar a falta de caráter, de gratidão e amor ao próximo é comum entre nós, reles mortais...

Se entendermos que o caminho da auto consciência, é o único que temos para sair da ilusão, compreenderemos mais facilmente, que nossa missão é sem dúvida nenhuma a lapidação de nossos instintos, de nossa alma e da nossa consciência.

Travamos diariamente uma luta entre o bem e o mal, entre a Luz e as Trevas, consciente ou inconscientemente, a vida nos empurra pra que acordemos desta dormência que nos faz acreditar que na vida, se nasce somente para lidar com as coisas materiais, ou barganhar com Deus, por um pedacinho da terra prometida.

Ser bom é um dever, ser honesto é um dever, não tem nada com ganhar o reino dos céus... Você pode ser maravilhoso com todos e chegar em casa sem saber o que é o respeito pela família. Pode ser o melhor obreiro da igreja, o mais sábio homem da comunidade, mas como ser humano, é um fracasso.

Somos *duais*. Ponto.

Aprenda a se visualizar com os olhos da alma e não do ego e verá que, se cada um fizer o melhor por si, teremos melhores médiuns, melhores padres, melhores homens e mulheres. A vida esta ai, mas uma hora chega o final da jornada e nos confrontaremos com nossas verdades, com nossos fracassos e entendimento do que necessitamos pra enfrentar de frente nossos anjos e demônios pessoais.

Tem horas que ficar de pé, exige sacrifício. Nestas horas é que o Criador nos sustenta. E é nesta certeza que vejo minha fé sendo testada a todo instante, colocando em prova meus limites e minha capacidade de superação. Sei que a vida judia, machuca... mas é ela que me ajuda a evoluir. Confiando... crendo, sigo acreditando que nada é por acaso, e que mesmo as pancadas e decepções, não farão nunca que eu esmoreça.

O mesmo acontece com você, tenho certeza.

Construímos um mundo em cima de padrões de comportamento que herdamos de nossos pais e do meio em que vivemos. Se quisermos mudanças, temos que reconhecer em nós a origem do que provoca o impulso que nos motiva à viver novas histórias. O novo muitas vezes vem nos lembrar, de compromissos cármicos assumidos em nome da construção de nossa evolução.

Perdemos um tempo precioso, repetindo padrões, que muitas vezes nos distância de nossas verdades. Alimentamos ilusões que constroem muralhas a nossa volta, deixando-nos ilhados e cada vez mais, com sentimentos de vazio e abandono. Traduzimos erroneamente o que nossa alma almeja, e destruímos em nós a pureza que carregamos na alma.

Entender o porque precisamos mudar, porque cabe a nós reconhecer as novas necessidades da alma, é uma maneira extraordinária do Universo nos sinalizar, que a vida, é a grande oportunidade que temos de resgatar e aperfeiçoar o que ainda temos que fazer por nós.

Tempo

Tempo – Senhor dos Senhores.

Temos o tempo como uma espada sobre nossas cabeças. Uma lembrança constante da finitude de nossa existência material.

Na juventude enfrentamos a vida, como se fôssemos imortais nesta experiência material. E na maturidade olhamos o tempo de acordo com o que plantamos... Com temor, por não termos feito o que deveríamos ter feito, ou com a sabedoria de quem soube tirar proveito de todas as oportunidades.

Na realidade, vislumbro o tempo, como se não houvesse o amanhã. Agradeço pelo que vivi, pelo que plantei pelo que deixei de fazer, pelo que ainda fiz, mesmo não tendo sido correto. O tempo com tudo isto, me encheu de oportunidades, me deu experiência, aperfeiçoou-me com suas lições e me fez aprender a viver no Agora.

Através dele, aprendi que a vida, tem que ser vivida magicamente, como se o futuro não existisse.

Como seres imortais que somos, espíritos em constante evolução, deveríamos perceber que vivemos uma atemporalidade consciencial. Sem presente, nem passado, e nem futuro.

Trazemos em nós a lembrança do que somos, e não da forma como estamos.

Aprender a viver esta atemporalidade é se perceber em constante micro transformação... Desde as nossas lembranças celulares, ou até mesmo as nossas lembranças cósmicas em constante transformação. Viver o Agora é perpetuar a vida no "momentum presente" sem a ilusão da imortalidade da matéria.

O Tempo, senhor dos senhores, nada mais é, do que a lembrança constante de quem somos, e da onde viemos.

Aproveite a vida, aproveite as marcas que o tempo deixa registrado em sua carne... Dela um dia você se livra... Mas na Alma, no Espírito... As marcas serão o registro eterno, de quem você É.

Minha eterna gratidão ao Tempo, o Senhor dos Senhores

E o tempo...

E o tempo não da trégua...

Estamos em trânsito no processo evolutivo, e muitas pessoas nem se deram conta da importância de se estar vivo, em atividade constante com os desígnios do inconsciente coletivo. Temos um importante fardo, no equilíbrio das forças numa luta constante entre as diferenças que se torna prioritário entendermos o papel que nos cabe.

Temos como missão de vida, evoluir, crescer...alcançar um nível de consciência que nos garantirá a "entrada no reino do céu", a passagem para outras dimensões e estágios evolutivos.

Muitos perguntam e se enganam, em procurar suas missões espirituais em templos ou dogmas.

Sua missão é evoluir. O restante... é uma contribuição que deixará para a humanidade, mas missão de vida é realmente despertar para a realidade, para a Consciência Una, que nos liga a todos como elos de uma mesma corrente.

Que façamos nossa parte, contribuindo assim, para o despertar daqueles que ainda se encontram adormecidos pelo véu da ilusão.

CAPÍTULO 12

Pensar... Eis o Segredo

Você tem olhos mas não vê, tem ouvidos e não ouve, tem coração e não ama – você está profundamente adormecido.
Osho

Da mesma forma que sabemos a necessidade de evoluir, enfrentamos um mundo inteiro querendo que a gente permaneça dormente e automatizado. Travamos uma batalha entre as forças que permeiam o bem, e as que querem nos deter neste patamar de terceira dimensão.

Impedir ou retroceder, a evolução é tentar reter aqui, nosso salto quântico, dificultando nossa reintegração cósmica junto às hierarquias de Luz.

Muitas coisas nos impedem de sair deste Magnetismo Terrestre, muitas nos impedem de usar nossas capacidades mediúnicas, ou nossos dons paranormais. Todas têm a ver com as dificuldades de utilizar nossas capacidades extras sensoriais, num corpo readaptado para se viver preso e adormecido nesta Matrix de terceira dimensão.

A todo o momento recebemos mensagens subliminares, nos condicionando a ficar neste estado de prostração. Uso a palavra prostração, por perceber que muitos nem sequer imaginam que se encontram sendo conduzidos a ficar indefinidamente nesta situação.

A roda reencarnatória que nos leva ao Plano de 4° Dimensão, e que nos auxilia a resgatar nossas consciências cármicas, não nos ajuda a dar este salto quântico já tão esperado à 5° ou demais dimensões. Nossa ascensão só acontecerá, quando nos conscientizarmos que a eons de tempo a Terra já está sendo aguardada. Muitos dos irmãos na Luz nos ajudam no processo de despertar, preparando levas de irmãos para encarnarem neste momentum preciso, para ajudarem outros que ainda estão em processo mais lento.

Nossos corpos já estão sofrendo as mudanças necessárias para este enquadramento. A alteração de filamentos em nossos corpos de Luz, a ativação dos nossos códigos espirituais. Tudo isto, sem querer me aprofundar, nos leva a ativações que nos capacitam e aproxima a usar uma maior capacidade cerebral, nos aproximando como seres em evolução, a uma nova jornada rumo a Luz.

Mas se há um movimento constante em prol da nossa reintegração, existe também o inverso, que quer nos ater a esta dimensão. Usando todas as ciladas e subterfúgios, para que continuemos presos às nossas emoções, e ao nosso Ego, desvinculando de nós o despertar para uma nova realidade.

Quem seriam estes seres que nos impedem de acordar? Que luta é esta, que travamos de modo inconsciente, que nos remete às Teorias Conspiratórias, como o Governo Oculto, os Illuminatis[22], ou outras seitas, ou dogmas que nos aprisionam pelo medo ou pelo desconhecido?

São perguntas que me fiz, faço e continuo fazendo. Vivo a realidade, ou vivo na ilusão, pensando ser esta minha realidade?

Às vezes me pego sendo repetitiva, mas se cheguei até aqui, você, como eu, não tem um lugar comum para se voltar. O pensar nos torna seres diferenciados... Parece bobagem, achamos que a maioria faz uso dos pensamentos, mas posso garantir que muitos se deixam levar como ovelhas, guiados por seus pastores. Já falamos sobre isto não é mesmo?

---

22. Os Illuminati (plural da palavra em Latim illuminatus, "iluminados") É um nome dado a vários grupos, tanto reais quanto fictícios. Historicamente, o nome geralmente se refere aos Illuminati da Baviera, uma sociedade secreta da época do Iluminismo fundada em 1 de maio de 1776. Os objetivos da sociedade eram opor-se à superstição, ao obscurantismo, à influência religiosa sobre a vida pública e aos abusos de poder do estado.

Mas vamos lá:

1. Mensagens Subliminares são enviadas pela mídia a todo instante, nos induzindo a comprar, usar, ser e ter de acordo com interesses próprios de grandes corporações, como bancos, multinacionais de todos os seguimentos.
2. Nos fizeram acreditar que o certo era buscar Deus no externo, em templos, em religiões e em credos, que pelo jugo do medo ou do pecado, nos mantinha presos e dominados a todos os tipos de religiões ou seitas.
3. A busca desenfreada pela prosperidade na matéria, nos afasta dos verdadeiros valores que nos levam à uma busca incessante que nos levaria a nos auto conhecer.
4. Nos conhecendo, conheceríamos o verdadeiro caminho para entender que Deus nunca esteve fora de nós.
5. Sendo Uno com Deus... "Eu tudo posso naquele que me fortalece".

Para mim, este é o grande problema.

Se esta relação com Deus aproxima-me da divindade, e ela e eu somos Um, como unidade, eu, você e Ele somos Deus.

Grande descoberta, não é mesmo?

Mas quero que pense sobre isso.

Enquanto isto vou transcrever um artigo que descobri na Net, que me deu muito que pensar:

Algumas Respostas
A Última Hora (www.curaeascensao.com.br)
Solange Crhisttine Ventura

Nosso maior salto até agora foi controlar a maneira como você pensa. Ou melhor, a maneira como você acha que pensa. Se você tiver alguma dúvida, sobre qualquer assunto, a quem você vai recorrer? Ao Google, provavelmente. O buscador mais usado no planeta tem todas as respostas que você precisa, ordenadas da maneira que nós queremos que você julgue relevante.

A "googlelização" foi um de nossos primeiros programas de condicionamento cujo propósito era prever o comportamento de cada um, fazendo com que o pensar se tornasse algo secundário, missão cumprida com sucesso pelos Illuminati.

Aliás, uma curiosidade: você sabia que as duas letras "o" da palavra Google simbolizam um par de olhos em constante observação do seu comportamento? Estivemos de olho em você o tempo todo, mas você nem se deu conta disso. Admiro a maneira ingênua como vocês se comportam.

Há alguns dias o site Baixaki (www.baixaki.com.br) colocou no ar uma matéria interessante para quem acompanha os planos da nova ordem mundial, porém despretensioso demais pro meu gosto. Nele encontramos muitas verdades das quais já sabíamos, porém fica a pergunta: que interesses estão por trás dessa divulgação? Leia a matéria:

A Nova Ordem Mundial está em formação. Você não significa nada para nós, é apenas um peão em meio a nosso tabuleiro particular chamado mundo. Condicionamos você a usar os nossos produtos e a se encantar com as tecnologias que criamos, tudo para que você seja controlado em cada um dos seus passos e possa agir da maneira que for mais conveniente para nós.

O que você está fazendo? Apenas o Google não é o suficiente para que possamos manter o controle sobre você. Por isso, o estimulamos a nos contar de hora em hora tudo aquilo que está acontecendo em sua manipulada vida. Assim, criamos as redes sociais e os microblogs. Colocamos em suas mãos as ferramentas para que você ache que pode fazer o que quiser.

De hora em hora você nos avisa, via Twitter, tudo aquilo que está acontecendo em sua vida primária. "Vou tomar banho"; "vou almoçar no restaurante da esquina"; "estou pensando em fulano". Não importa o que você esteja fazendo, estamos de olho em você, monitorando a sua vida.

As suas fotos, a maneira como você se diverte e tudo mais o que você faz, controlamos por meio do livro dos tolos, que vocês popularmente conhecem como Facebook. Nele temos informações atualizadas de boa parte da população mundial. Devo confessar que essa é uma das formas mais eficientes de controle que criamos até hoje. E vocês ainda se divertem, não é o máximo, tolos?

A Apple é o maior exemplo de condicionamento de massas que conseguimos criar até o momento. A começar pelo nome da empresa, utilizamos como símbolo o fruto proibido para instigar você a ter um produto diferenciado em suas mãos. Mas certamente vocês nem perceberam isso, de tão encantados que ficam com as nossas tecnologias mágicas.

Contudo, nosso plano mais ambicioso até então foi o da "morte" de Steve Jobs. Sim, Steve está vivo e é um dos nossos membros mais ativos e inteligentes. Sete dias depois de anunciarmos a morte dele, chegou ao mercado a nossa ferramenta de controle chamada iPhone 4S. No smartphone, instalamos dois dispositivos: o Find My Friends e o Siri.

O primeiro dispensa explicações: sabemos onde você está sem que você precise fazer nada, basta estar com o seu celular no bolso. Não queremos perdê-lo de vista, vai que você começa a ter ideias anárquicas ou socialistas por aí, é melhor não facilitar. Já o Siri é, sem dúvida, um golpe de mestre.

Siri nada mais é do que uma sigla para "Steve is resting inside", algo como "Steve descansa aqui dentro". Como eu já disse, Steve Jobs não morreu. Uma de nossas mentes mais iluminadas, Jobs foi convidado a deixar a vida pueril e assumir a Grande Central de Comando. A partir de lá, ele tem acesso, em tempo real, a todos os diálogos feitos com os iPhones.

Você acha que está conversando com o Siri, mas na verdade está conversando com nossa Grande Central de Comando. Temos centenas de atendentes treinados para respondê-lo da maneira mais conveniente possível para nós. Com sorte você poderá um dia até mesmo ouvir do próprio Steve uma resposta para as suas perguntas fúteis.

Aposto que você chegou até esse ponto da leitura e continua cético com relação a tudo que eu disse. Continue assim, é exatamente isso que queremos. É tudo tão óbvio, todas as respostas estão na sua frente, mas ainda assim você não é capaz de enxergar e compreender. Para isso contamos com a ajuda de um projeto bastante eficiente, que permite também o controle mental sobre a população.

O nome dele é HAARP, algo que você já deve ter ouvido falar, mas nem se preocupou. Utilizamos uma mescla de ondas de rádio com frequências sonoras para manipular a mente coletiva dos cidadãos, fazendo com que vocês defendam a todo custo suas vidas ilusórias e julguem os nossos projetos como "meras teorias conspiratórias".

Apesar de termos o controle sobre você, ainda queremos mais. Temos algumas ideias em mente como o RG com chip, que permitiria monitorar todos os cidadãos, mesmo aqueles que não têm aparelho nenhum em mãos. Internamente chamamos esse projeto de "a marca das bestas". Temos certeza que você vai aceitar isso sem maiores restrições, afinal vamos prometer informatização, controle e agilidade em troca da sua liberdade.

Também não queremos que você tenha o trabalho de enviar os seus dados para nós a todo instante. Nossa nova plataforma de controle em expansão se chama "computação nas nuvens". Na prática, oferecemos um espaço virtual gratuito para você em troca dos seus dados mais confidenciais. Obviamente você vai aceitar, sem pensar duas vezes.

Por conta das revelações que você leu acima, devo ser eliminado muito em breve. Fiz minha parte e esclareci os mistérios ocultos para vocês. Eu sei que provavelmente vocês não irão acreditar e vão dizer que tudo o que eu falei se resume a teorias conspiratórias sem sentido, mas a escolha é de vocês. Quer continuar sendo manipulado? O azar é só seu, minha marionete!

Tenso, não?

Também achei.

Mas tudo me fez entender mais uma vez, que despertar não é fácil, que desde os grandes iniciados, até o mestre Osho e Yogonanda, todos já falavam a respeito.

O que quero que fique claro, é que você assuma esta verdade e a incorpore na sua vida. Existem receitas para se despertar? Não. Não existe.

O que existem são caminhos trilhados e compartilhados por uns e que nos servem como exemplo de que tudo é possível. Se as forças contrárias lutam entre si, que entendamos que somente fazendo a nossa parte, iremos contribuir para que nossa evolução aconteça.

CAPÍTULO 13

Eu, você e Deus

"Se nestas páginas você encontrar algo que lhe seja estranho e inassimilável, não se escandalize nem procure assimilá-lo à força; ignora-o tranquilamente e continue a alimentar a sua fé com as doutrinas habituais, adaptadas ao nível atual da sua evolução religiosa. Mantém, todavia, as portas da sua alma aberta rumo ao infinito; porque, com a progressiva maturação do seu ser espiritual, o que hoje lhe parece absurdo, herético e inaceitável, pode amanhã vir a ser o mais vigoroso alimento de sua alma... Afim de você compreender certas coisas que hoje não pode compreender, pouco aproveita análises meramente intelectuais... Assimile o que você puder, das verdades destas páginas – e crie em sua alma uma atmosfera propícia para compreender mais, com o correr dos anos e sua progressiva evolução espiritual, que consiste essencialmente na abolição do egoísmo em todos os seus aspectos, e na proclamação de um amor sincero e universal para com todas as criaturas. Guarde o que você tem – e passe além!"

Huberto Rohden

Nossa mudança acontece quando tomamos realmente consciência de quem somos.

Já vimos que o autoconhecimento é o ponto chave, para lidarmos com as emoções mal trabalhadas em nosso campo emocional.

Entendemos que se não há como esgotá-las, continuaremos a serviço do Ego, dos prazeres supérfluos e das relações rasas que nos mantêm reféns de inversões de valores e sentimentos mal resolvidos.

Todo nosso esforço em relação ao nosso próprio burilamento, e a construção alicerçada de uma nova consciência nos faz redescobrir a existência de um caminho que nos leva à divindade.

Caminho este que pensávamos ter se desconectado, mas que sempre nos manteve ligados à consciência Crística, do Eu Sou em nós.

Depois de toda a busca a Deus no externo, encontrar em nós este elo perdido, nos faz assumirmos a ativação desta energia em nosso corpo de Luz, nos tornando viáveis para o nosso despertar e nossa ascensão à quinta dimensão.

Se for pensar que a própria Terra já está sendo há muito preparada para alçar este novo caminho, temos que entender que nós, peregrinos neste planeta, só conseguiremos percorrê-lo se fizermos direitinho nossa lição de casa.

A mudança que se opera em nós, tanto em nível espiritual como na matéria, não nos priva mais da possibilidade de ativar nosso corpo de Luz, nem mudar nossa realidade, deixando de colocar a nossa vida à mercê das forças externas, que sempre nos governava pelo poder, ilusão ou medo.

Continuamos a viver num mundo dual, onde as forças se equilibram, mas com a capacidade de sobrepor todas as forças negativas, com a sabedoria e entendimento de que muito ainda temos a percorrer, para ativar este novo campo de energia que nos une como Criador e Criatura.

O exercício se faz necessário, a busca de Deus em nós nos torna aptos para transpor as barreiras e intempéries que nos força a vivermos na dormência que ainda nos encontramos.

Mas para melhor entendermos, transcrevo um trecho do capítulo do livro "Mensageiros do Amanhecer, Ensinamentos das Plêiades", de Barbara Marcianiak:

"Quando você acredita no que conhece, está ativando o Deus dentro de você. Nesta época, há uma grande conscientização alastrando-se pelo planeta de quão grande o mundo é, e a pergunta não é mais só quem é quem no jogo do mundo, mas também quem é quem no jogo cósmico.

Da mesma forma que existem hierarquias na Terra, existem hierarquias cósmicas. Você pode morar numa região e não ter conhecimento de que aí existe uma hierarquia. Pode cultivar suas terras, pagar seus impostos, decidir não votar, e simplesmente não estar atento à estrutura burocrática política. De forma semelhante, a Terra está absorta da estrutura burocrática política que opera o universo.

É importante compreenderem que burocracias e hierarquias existem e que estas organizações têm uma vivência de tempo diferente da vossa. O que vocês chamam de um ano, talvez para outros seja apenas uma pequena parte do seu dia. Se conseguirem começar a compreender isto, entenderão porque este planeta foi aparentemente abandonado a si próprio nos últimos milhares de anos.

Agora, a atividade vinda dos céus está começando a borbulhar e a ferver novamente e vocês irão se deparar com a introdução de uma grande quantidade de conhecimento novo em vossos paradigmas e sistemas religiosos. Este planeta está sujeito a um choque cultural. Vocês vieram para cá, agora, com um propósito determinado: enfrentar os deuses criadores que refizeram a espécie humana e que estão voltando. Alguns deles já estão aqui.

Alguns deles já estão aqui, já retornaram.

Este planeta tem sido constantemente visitado e muitas formas diferentes de seres humanos foram semeadas aqui através de grande variedade de experiências. Houve muitos fatores que influenciaram o curso da história na Terra.

Durante milhões de anos, existiram neste planeta civilizações que vieram e se foram sem deixar vestígio. Todas estas civilizações, assim como a vossa história, foram influenciadas por inúmeros seres luminosos que vocês denominaram Deus.

Na Bíblia, muitos destes seres foram combinados passando a representar um ser, quando não eram de jeito nenhum um único ser mas uma combinação de várias energias luminosas extraterrestres muito poderosas. eram, sem dúvida, energias majestosas vistas sob nossa perspectiva, e é fácil compreender porque foram adoradas e glorificadas. Não há literatura na Terra que apresente um retrato verdadeiro destes seres. Todos os deuses vieram aqui para aprender e acelerar o seu próprio desenvolvimento através do trabalho com criatividade, consciência e energia.

Alguns foram bem sucedidos e aprenderam suas lições, enquanto outros cometeram erros devastadores. Quem eram estes deuses da antiguidade? Eram seres capazes de modificar a realidade e comandar os espíritos da Natureza segundo a sua vontade. Os humanos tradicionalmente chamam de Deus seres capazes de fazer o que eles não conseguem. Estes seres passaram por antigas culturas de varias sociedades, retratados como criaturas aladas e bolas de luz. Este mundo é permeado de pistas, indícios e artefatos que indicam quem eram os seus deuses.

Contudo aqueles que desejavam manipular os humanos inventaram suas próprias historias criando paradigmas para os poderem controlar. Disseram-lhes que estes seres eram deuses verdadeiros e vocês foram ensinados a cultuá-los, adorá-los e obedecê-los. Este paradigma está agora na eminência de sofrer uma mudança gigantesca. A verdade aparecerá, uma verdade que mudará completamente a maneira como vocês veem o mundo. Pobres daqueles que não quiserem enxergar (e sempre haverão os Cegos). As reverberações do choque atingirão todo o mundo.

Os deuses criadores que têm governado este planeta possuem a capacidade de assumir a forma física, embora na maior parte do tempo existam em outras dimensões, eles mantêm a Terra numa determinada frequência vibracional criando traumas emocionais para se alimentarem. Existem seres que honram a vida acima de tudo, e seres que não respeitam a vida E nem compreendem a ligação que têm com ela.

Consciência alimenta consciência. Não é fácil entenderem este conceito, porque vocês se alimentam de comida. A comida, para alguns seres, é a consciência. Toda a comida contém consciência em algum ponto do seu próprio desenvolvimento, quer você a frite, cozinhe ou colha da horta; você a ingere para manter-se nutrido. As vossas emoções são alimento para outros seres. Quando vocês são controlados para gerarem devastação e fúria, estão criando uma frequência vibracional que sustenta a existência destes outros seres, porque é disso que eles se nutrem.

Existem seres que vivem da vibração do amor, e esse grupo gostaria de restabelecer o alimento do amor neste planeta. Eles gostariam de ligar este universo na frequência do amor para que ele tenha a oportunidade de sair e semear outros mundos. Vocês representam o grupo renegado da luz, concordaram em voltar ao planeta, e têm uma missão. Vieram para estes corpos físicos para assumirem o seu comando e mudá-los através do poder da vossa identidade espiritual. Todos selecionaram com muito cuidado as linhagens genéticas que lhes trariam a melhor vantagem inicial. Cada um escolheu uma história genética através da qual os membros da Família da Luz já passaram.

Quando os seres humanos viviam nos domínios que lhes pertenciam por direito e podiam compreender diversas realidades, possuíam a capacidade de serem multidimensionais, de serem iguais aos deuses. Vocês estão começando a despertar esta identidade dentro de si. Os deuses assaltaram esta realidade. Para que vocês acreditassem serem eles Deuses com D maiúsculo, os remodelaram geneticamente.

A Família da Luz foi expulsa do planeta, e o time das TREVAS *(comandado por* MARDUK, *consciência do planeta* MALDEK*), que operava e opera através da ignorância, assumiu o comando. Os corpos que ocupam carregam o medo e a lembrança da luta pelo conhecimento que estes deuses representavam e roubaram de vocês. Estas criaturas espaciais magníficas podem exercer a manipulação de várias maneiras e trabalhar com a realidade de inúmeras formas diferentes.*

Os deuses estão voltando e...

Os humanos, na ignorância, começaram a chamar estas criaturas espaciais de Deus, com "D" maiúsculo. Deus com "D" maiúsculo jamais visitou este planeta como uma entidade. Deus com "D" maiúsculo está em todas as coisas. Vocês lidaram apenas com deuses com "d" minúsculo que desejavam ser adorados, queriam confundí-los e consideravam a Terra um principado, um lugar que possuíam nas fímbrias da galáxia deste universo de livre-arbítrio.

Antes da pilhagem, vocês possuíam tremendos atributos. O exemplar biogenético do ser humano original recebeu informações maravilhosas, era interdimensional e podia fazer coisas incríveis. Quando estes deuses criadores assaltaram o planeta, acharam que as espécies locais sabiam demais. Elas possuíam capacidades muito semelhantes às de quem desejava passar por Deus. Uma manipulação biogenética foi executada originando mais destruição. Houve versões experimentais das espécies trazidas ao planeta em que os arquivos originais foram dispersos, mas não destruídos. Antes, o vosso DNA estava intacto. Parecia uma linda biblioteca onde a informação estava toda catalogada e referenciada e vocês podiam encontrar tudo que quisessem instantaneamente. Quando ocorreu a alteração bioenergética e a informação foi desligada, foi como se alguém tivesse escondido o sistema de referência, tirando todos os livros das prateleiras e os jogado no chão, aleatoriamente. Foi assim que o vosso DNA foi espalhado e misturado pelos usurpadores, há muito tempo atrás. Existe uma razão explícita para lhes contarmos esta história. Não estamos nos dirigindo à vossa mente lógica, mas aos vossos bancos de memória, para que vocês possam Começar A se lembrar da vossa participação nisso tudo. Dessa forma, vocês começarão a entender o que aconteceu e quem são vocês dentro deste processo.

Toda a informação genética foi misturada e desordenada, mas deixada dentro das células. A única informação que restou para vocês usarem e para mantê-los em funcionamento foi a dupla-hélice. Diversas memórias dentro da dupla-hélice foram desligadas, fechadas, e então vocês começaram a funcionar com pouquíssimos arquivos. Vocês eram muito facilmente manipulados e controlados por muitos aspectos da consciência que se passaram por Deus. Certas entidades pegaram a espécie existente, que era realmente uma espécie gloriosa e a reprogramaram para seu próprio uso, suas próprias necessidades.

Eles interromperam a frequência da informação dentro dos seres humanos, mudaram o DNA e deram-lhes a dupla hélice para que vocês pudessem ser mantidos na ignorância. A vossa frequência de acessibilidade foi simplesmente desligada para que vocês não pudessem girar o dial do vosso próprio rádio. Estes deuses criadores alteraram o DNA dentro do corpo humano, que é a inteligência, o projeto, o código. Se um código não tem espaço para operar, não pode acender-se para a existência ou expressar-se como existência. Se você for trancado num quartinho, sem lugar para *crescer, jamais poderá expressar-se. Nos últimos milênios, o vosso código foi obrigado a permanecer dentro de um DNA muito limitado.*

Um dos aspectos mais emocionantes para se estar na Terra neste momento, é o fato de estar havendo uma reorganização, ou uma reinstrumentação no vosso DNA. Raios cósmicos (Cinturão de FÓTONS) estão incidindo sobre o planeta para que esta mudança seja difundida e a reorganização possa ocorrer dentro do corpo. Os arquivos embaralhados que contêm a história e a consciência da Biblioteca Viva estão sendo organizados. O DNA está evoluindo. Novas hélices, ou fitas estão sendo formadas à medida que os filamentos de Códigos luminosos começam a se agrupar.

Os arquivos dispersos estão sendo unidos dentro do vosso corpo por energias eletromagnéticas vindas do Criador Primordial. Nós estamos aqui para observar este processo em vocês, para ajudá-los e para evoluirmos junto. Quando estes agrupamentos ou reorganizações ocorrerem, vocês irão desenvolver um sistema nervoso mais evoluído que possibilitará o acesso de uma quantidade muito maior de informação à vossa consciência. Muitas células do vosso cérebro que haviam permanecido dormentes irão ser despertas passando a usar toda a capacidade do vosso corpo físico e cerebral e não apenas a pequena porcentagem com a qual vinham funcionando.

Todas as regiões do planeta estão sendo afetadas por esta mudança, esta conscientização e aqueles entre vocês que são Guardiães da Luz e desejam mudar completamente a realidade presente, trazendo para cá diferentes opções estão ancorando a frequência. Se ela não for ancorada e compreendida, pode criar o caos. Ela criará o caos. É por isso que vocês precisam ancorar-se. O caos traz um estado de reorganização quando utilizado adequadamente. O tempo está se esgotando e a energia se tornando cada vez maior.

Difícil de acreditar?

Esta é a intenção... Fazer com que pense, com que leia, com que pesquise e o principal, que deixe sua mente aberta, para que as lembranças de eons de tempo se faça presente, nesta tua busca pela verdade e pela volta ao lar.

CAPÍTULO 14

Reintegração Cósmica

"Abandono-me ao sabor das ondas, e, completamente entregue a elas, fito o céu azul. Nada vejo, mas tudo existe. Sendo vazio e, ao mesmo tempo, pleno; sendo pleno e, ao mesmo tempo, vazio – um ser que está vivo e flutua, um ser misterioso e extraordinário: isto sou Eu."

Taniguchi Masaharu

À medida que nossa consciência é despertada, uma mudança interna também acontece. Sentimo-nos à parte do mundo. E posso garantir que é uma sensação nada agradável. Começamos a ver tudo de forma diferente, apartados de quem éramos e de quem somos. Uma sensação de solidão ronda o espírito, como se sentisse falta de algo que realmente nos preenchesse. Nossas relações pessoais, nossa família, nosso trabalho, e principalmente nossa fé, sente o baque da falta de ilusão que antes permeava o caminho.

Parece loucura não é mesmo? Mas nunca se viu tantas inversões de valores. É como se fôssemos crianças em fase de crescimento, testando nosso poder e nossa vontade. Quanto mais lúcida fica a estrada, mais forte fica a vontade de continuar na concha.

Quando jovens costumamos ouvir o quanto é difícil crescer... o mesmo digo eu, como é difícil evoluir, despertar. Ouço muitos falando sobre despertar, dando receitas milagrosas, e me pego achando que cada vez mais meu surto psicótico se aproxima.

Vou dizer uma coisa: Não é fácil

Não é fácil ver toda estrutura de crenças e pensamentos ruírem como peças enfileiradas de um jogo. Não é fácil você perceber que tudo aquilo em que acreditava ia muito além de todas as possibilidades. Não é fácil descobrir que o céu fica além do que você imaginou e o inferno está muito mais próximo do que, um dia, você teve coragem pra se indagar. Não é fácil se abster das responsabilidades referente à evolução do mundo. Você atualmente é peça chave para tantos outros que virão, abrindo caminho.

Não é fácil numa hora qualquer da tua vida, se descobrir sem ilusão, sem "sonhos", como se já não lhe interessasse sonhar, ou melhor, como se já tivesse tudo, e não precisasse almejar mais nada. Não é fácil você parar de pedir a Deus, ao entender que já não se sente mais confortável de pedir, já que tanto recebeu. Não é fácil entender que suas escolhas não te capacitam para não viver o que não quer, como se isto fosse o chamado livre arbítrio.

Não é fácil pensar coletivamente, quando muitos só pensam em si mesmos. Não é fácil descobrir que o teu Deus é uma extensão de você mesmo, ou você é uma extensão dele, sem parecer piegas ou, louco.

Não é fácil ver que somos uma espécie de prisioneiros num mundo que pensávamos estar espionando nossas faltas ou aprendendo a evoluir cármicamente, encarnação após encarnação. Num mundo onde era chamado escola ou hospital, que isto talvez fosse uma grande verdade, já que estamos todos aqui, para esgotar em nós nossos erros e emoções desajustadas.

No começo, como num grande laboratório, nossa genética sofreu grandes miscigenações de seres cósmicos com atômicos, anjos e terrenos, extraterrestres de dimensões diferentes da nossa. Servimos de morada para outros seres, expurgados para este quadrante do Universo, expostos a todo tipo de provações.

Ano após ano, era após era, esta terra perdida nas dimensões inferiores teve que ser protegida, cuidada e trabalhada por seres que não podiam ser unidos com os outros, sem que sofressem a reestruturação de suas emoções doentes, distorcidas e renegadas. Sabiam que o Éden estava muito longe da atual realidade.

Com a mão justa e pesada, Luz da Manhã, Lúcifer, vem para este quadrante do Universo, tentar colocar ordem no caos instalado. Uma legião de anjos o acompanham... Com ele começa a saga que nos afasta para o exílio. Mas esta história, conhecida ou não, merece um livro à parte, minha intenção não é causar polêmicas, não é chocar os mais incautos. Nossa história acontece aqui mesmo.

E é aqui que começa o grande resgate, a grande Reintegração Cósmica preparada por toda hierarquia de Deus. A intenção não era deixar-nos a margem, mas sim esgotar de nós, como já disse todo desvio de comportamento, de ódio, de raiva, de emoções desajustadas, desencontradas.

De tempos em tempos éramos visitados por irmãos que nos desejavam de volta, à morada do Pai, mas sabiam que um grande trabalho de limpeza, tinha que ser feito, para que nos preparássemos para este resgate, para esta reintegração. De tempos em tempos a hierarquia da Terra era trocada, Lúcifer se eleva pra outras esferas, e no seu lugar, fica Satã, seu general, que por sede de poder, desvirtua todo trabalho junto ao propósito de resgate e a Terra fica na escuridão por um tempo muito grande.

Com a densidade e a força magnética que envolve a Terra, esquecíamos quem éramos ou nossa história evolutiva; vivíamos emoções animalescas, sem nem um tipo de entendimento do que era certo ou errado.

Muitos seres eram enviados à Terra com o propósito de pagar suas faltas ou depurar seu espírito. Com isto a Terra começou a receber ajuda cósmica, e de outras Esferas de Luz, vieram a estes irmãos a fazer um trabalho de formiguinha, para fazer com que nossa parte da Luz, fosse resgatada, relembrando em nossas memórias cármicas, do propósito de tudo.

Deu-se aí a dualidade das forças que começaram a imperar neste quadrante, uns trabalhando pela nossa evolução, e os outros não permitindo que maculássemos outras esferas impedindo nosso despertar e crescimento. Querendo nos manter aprisionados, e exaltados como dignitários, deuses desta terra. Civilizações, raças, homens de grande saber, fizeram e cumpriram seu papel. Shiva, Buda, Cristo, exemplos de seres de

Luz, que por amor a nós saíram de suas esferas, trazendo para cada um de nós um caminho para acharmos de novo a Luz.

Civilizações inteiras se comprometeram com nossa evolução: Essênios, Fenícios, Pérsia, Egito, Grécia etc., cada uma trazendo ao homem oportunidades de se ligar de novo à divindade.

Com o passar dos tempos, para vocês entenderem o quão primitivo éramos, a raça terrena, no berço do povo judeu, Moíses recebe os 10 mandamentos para passar ao seu povo. Implantando Leis e novos costumes.

-Não comer carne de porco (naquela época era considerada uma carne imunda, por não ter os cuidados de higienização).

-Na tenra idade o menino era circuncidado, pois sabiam que as doenças sexualmente transmissíveis, vinha da má higiene.

Deixo aqui dois exemplos, mas muitos deles podem ser pesquisados por vocês. Eles trouxeram além de Leis, um grande serviço de saneamento e limpeza, onde muitos aprenderam a se defender das doenças e pragas e outros males.

Mas vamos raciocinar? Por que Deus manda Moíses começar esta depuração?

Se alguém pensou que seria porque iríamos receber um Ser de outros lugares, de outra morada, está certo.

Lembram-se? "Na casa do meu pai existem muitas moradas".

E o principal: De novo ocorreria a união física de um ser atômico, terrena, Maria, com um ser cósmico, um anjo. Só que desta vez, eles teriam que tomar todos os cuidados para que geneticamente, este ser nascesse sem nenhum problema.

A missão de Jesus o Cristo era muito importante para o salto que a humanidade daria. Muitos foram os milagres, o verdadeiro milagre de sua passagem pela Terra foi outro, ou seja, ter conseguido em pouco mais de três anos, sem nada haver escrito e vivendo numa das regiões mais pobres de sua época, modificar a face espiritual do mundo em que vivemos, o qual, desde então, divide a sua história em "antes" e "depois" do Cristo.

CAPÍTULO 15

O Preço de se Dormir Demais

> *"É preciso ter um caos dentro de si*
> *para dar à luz uma estrela cintilante."*
> Friedrich Nietzsche

Acho que até aqui, há uma compreensão de que tudo não se trata de uma luta entre o bem e o mal, mas do destino dos filhos renegados, da volta dos filhos e do Planeta aos quadrantes de Luz.

A promessa da nossa Reintegração, aparece, inclusive, em citações como: *Os bons herdarão a Terra*. Ficando bem claro que a Terra é que sofreria a grande mudança, ou a grande escalada cósmica em direção à Luz.

E mais uma pergunta: O que seria daqueles que aqui vivem, se não conseguirem sua tão sonhada ascensão?

Sofreriam o Exílio de serem enviados aos seus lugares de merecimento. Como vimos em Exilados de Capela (refiro-me a Capela, pois muitos já tem conhecimento do que se passou com o Povo Capelino, ao serem exilados, pelo seu materialismo desenfreado, que os distanciava cada vez mais da espiritualidade). Quem não acreditava em nada foi pego de surpresa, e quando refletiram e se arrependeram sobre a forma de vida que estavam tendo já era tarde demais, já estavam com a marca dos exilados – João Evangelista registrou essa marca no livro do Apocalípse da Biblia como o simbolo "666". A vinda dessa civilização para a Terra originou a lenda dos personagens Adão e Eva, que "morderam a maçã do pecado e foram expulsos do paraíso. Acabaram por ser expulsos do paraíso que era a Tríade, na Constelação do Cocheiro, onde eles moravam, para vir para Terra formar a civilização Adâmica dos Atlantes.

Resolvi reler o livro Os Exilados de Capela de Edgard Armond e vou fazer um resumo, em forma de perguntas e respostas, sobre o contexto da vinda desse povo para a Terra:

1) *Onde fica e como era Capela?*

Fica a 45 anos luz da Terra, foi o nome dado na Terra a uma estrela que pertence a Constelação do Cocheiro, é uma estrela inúmeras vezes maior que o Sol. A sua densidade é tão fluídica que pode ser facilmente confundida com o ar que respiramos. Sua cor amarela, mostra que é um Sol na sua juventude e por ser um Sol, é habitada por seres bastante evoluídos!

2) *Como a Terra foi criada?*

Isso remete ao conceito do Pensamento e Verbo expressos na Biblia: "No princípio era o Verbo, e o Verbo estava com Deus e o Verbo era Deus. Todas as coisas foram feitas por Ele, e sem Ele, nada do que foi feito se fez.", quer dizer: O pensamento Divino precisa de intermediários individualizados para plasmar o poder criador e dar formas às manifestações individuais de vida, através do Verbo. Quando o Pensamento Divino é manifestado pelo Verbo ele plasma na matéria fundamental, portanto sem o verbo não há criação. Para criação da Terra o Verbo foi e é o Cristo Planetário, a partir dele é que a Terra foi Criada.

3) *Qual o contexto dos Exílios Planetários e a evolução na Terra?*

Podemos dividir o processo evolutivo na terra em 3 Ciclos:

- 1º Ciclo: Fase pré-história, quando os Arquitetos Siderais concluíram os estudos e experimentos para fazer a migração do mundo animal para os Seres Humanos. A partir daí com a chegada dos Exilados de Capela (Raça Adâmica) e a corrupção moral que se instalou na civilização Atlante, onde tiveram os cataclismos que exterminaram essa civilização.

- 2º CICLO: Fase que conta com os sobreviventes desses cataclismos e termina com a vinda do Messias, o maior médium do Cristo Planetário que por aqui passou – Jesus.
- 3º CICLO: Começa com o ato de Sacrifício do Divino Mestre e termina com o Exílio Planetário que os habitantes da Terra terão que passar, caso não se ajustem aos padrões morais que guiarão a civilização terrestre no 3o. Milênio – Era de Aquário.

4) Como foi a decisão de fazer o Exílio dos Capelinos na Terra?

O Próprio Emmanuel[23] explica: "Há muitos milênios, um dos orbes do Cocheiro, que guarda muitas afinidades com o globo terrestre, atingira a culminância de um dos seus extraordinários ciclos evolutivos... Alguns milhões de espíritos rebeldes lá existiam, no caminho da evolução geral, dificultando a consolidação das penosas conquistas daqueles povos cheios de piedade e de virtudes... E, após outras considerações, acrescenta: – As Grandes Comunidades Espirituais, diretoras do Cosmo deliberaram então, localizar aquelas entidades pertinazes no crime, aqui na Terra longínqua."

A permuta de populações entre orbes afins de um mesmo sistema sideral, e mesmo de sistemas diferentes, ocorre periodicamente, sucedendo sempre a expurgos de caráter seletivo; como também é fenômeno que se enquadra nas leis gerais da justiça e da sabedoria divinas, porque vem permitir reajustamentos oportunos, retomadas de equilíbrio, harmonia e continuidade de avanços evolutivos para as comunidades de espíritos habitantes dos diferentes mundos.

Os escolhidos, neste caso, foram os habitantes de Capela que, como já foi dito, deviam dali ser expurgados por terem se tornado incompatíveis com os altos padrões de vida moral já atingidos pela evoluída humanidade daquele orbe.

---

23. Emmanuel é o nome dado pelo médium brasileiro Chico Xavier ao espírito a que atribui a autoria de boa parte de suas obras psicografadas. Esse espírito era apontado por Chico Xavier como seu orientador espiritual.

5) Como foi o processo de migração dos habitantes de Capela para a Terra?

Os milhares de espíritos, que seriam exilados foram notificados do seu novo destino. Reunidos no plano etéreo daquele orbe, foram postos na presença do Divino Mestre para receberem o estímulo da esperança e a palavra da Promessa, que lhes serviriam de consolação e de amparo nas trevas dos sofrimentos físicos e morais, que lhes estavam reservados por séculos.

Emmanuel descreve a cena da seguinte forma:

"Foi assim que Jesus recebeu, à luz do seu reino de amor e de justiça, aquela turba de seres sofredores e infelizes. Com a sua palavra sábia e compassiva exortou aquelas almas desventuradas à edificação da consciência pelo cumprimento dos deveres de solidariedade e de amor, no esforço regenerador de si mesmos. Mostrou-lhes os campos de lutas que se desdobravam na Terra, envolvendo-os no halo bendito de sua misericórdia e de sua caridade sem limites. Abençoou lhes as lágrimas santificadoras, fazendo-lhes sentir os sagrados triunfos do futuro e prometendo-lhes a sua colaboração cotidiana e a sua vinda no porvir. Aqueles seres desolados e aflitos, que deixavam atrás de si todo um mundo de afetos, não obstante os seus corações empedernidos na prática do mal, seriam segregados na face obscura do planeta terrestre; andariam desprezados na noite dos milênios da saudade e da amargura, reencarnar-se-iam no seio das raças ignorantes e primitivas, a lembrarem o paraíso perdido nos firmamentos distantes. Por muitos séculos não veriam a suave luz de Capela, mas trabalhariam na Terra acariciados por Jesus e confortados na sua imensa misericórdia".

E assim a decisão irrevogável se cumpriu e os exilados, fechados seus olhos para os esplendores da vida feliz no seu mundo, foram arrojados na queda tormentosa, para de novo somente abri-los nas sombras escuras, de sofrimento e de morte, do novo "habitat" planetário. Foram as coortes de Lúcifer que, avassaladas pelo orgulho e pela maldade, se precipitaram dos céus à terra, que daí por diante passou a ser-lhes a morada purgatorial por tempo indefinido.

E após a queda, conduzidos por entidades amorosas, auxiliares do Divino Pastor, foram os segredados reunidos no etéreo terrestre e agasalhados em uma colônia espiritual, acima da crosta, onde, durante algum tempo, permaneceriam em trabalhos de preparação e de adaptação para a futura vida a iniciar-se no novo ambiente planetário.

Muitos que aqui ficaram, com o conhecimento que trouxeram, muito contribuíram com o crescimento e evolução da Terra.

E assim toda a criação, e digo toda, nunca foi e nunca haverá de ser desamparada pelas Hostes de Luz e pelo Grande Arquiteto do Universo.

Chegou o nosso momento.

Somos nós agora, que se não despertarmos para uma consciência maior, iremos ser exilados deste Planeta, pois a Terra, com sua ascensão à quinta dimensão, levará somente os filhos despertos e preparados para viver a tão esperada Reintegração com os irmãos na Luz.

Percebam... O acordar se faz necessário. Aqui ninguém é bonzinho. Saiam da ilusão de seus egos, e acreditem: Só irá ganhar o reino do Céu, diferente do que é pregado a torto e a direita pelas, demais religiões, aqueles que realmente conseguirem expurgar o mal de suas consciências e de seu espírito. Aqueles que entenderem o que é Perdão, Gratidão, Amor, Piedade, Respeito e etc.

Conseguem imaginar a Terra sendo nosso Éden? Se, respondeu não, estamos juntos nessa. Nem eu.

Como imaginar um povo com valores tão contraditórios, um povo tão sem amor com seus semelhantes, um povo tão sem compromisso com a Mãe Terra, e com seus habitantes? Difícil, muito difícil...

Mas como já disse, o inconsciente coletivo esta mudando, as pessoas estão buscando uma qualidade de vida melhor, a espiritualidade está sendo procurada, como caminho e não como salvação, por medo ou temor. A Ascensão ocorrerá, independente de nossas vontades.

A Terra também está sendo expurgada. Ela sofre com os desmandos, com a falta de respeito pela Terra, Água, Ar e Fogo, todos os elementos sofrendo o despreparo que esta raça, ainda adormecida, deixa com que pratiquem contra suas reservas naturais.

Se até aqui você pensou que era você ou eu os merecedores do reino do céu enganou-se redondamente. Quem quiser acompanhar este salto quântico, que a Terra e outras dimensões terá de dar, que corra, mas corra muito, para se auto conhecer, para depurar as falhas de caráter e personalidade, e seus desvios de comportamento. Muitos trabalhadores da Luz, vem sendo convocados para nos preparar. A hora é Agora.

Se ficarmos presos nesta rede magnética, não iremos acordar da dormência que nos atinge.

Se Todos Somos Um, eu não quero lhe deixar ir, para outras esferas, pois todos somos irmãos, e como irmãos me preocupo com você, e com o que suas falsas crenças, e ilusões pode causar, em nossa Unidade.

Despertemos, ou pagaremos um preço alto por dormir demais. A Terra será nossa Canaã, será nosso Éden, será a Terra prometida. Nós é que temos que ser preparados para poder continuar a merecê-la. A quinta dimensão é nossa meta.

Prece para a Mãe Terra

"Abençoado seja o Filho da Luz que conhece sua Mãe Terra
Pois é ela a doadora da vida
Saibas que a sua Mãe Terra está em ti e tu estás Nela
Foi Ela quem te gerou e que te deu a vida
E te deu este corpo que um dia tu lhe devolverás
Saibas que o sangue que corre nas tuas veias
Nasceu do sangue da tua Mãe Terra
O sangue Dela cai das nuvens, jorra do ventre Dela
Borbulha nos riachos das montanhas
Flui abundantemente nos rios das planícies
Saibas que o ar que respiras nasce da respiração da tua Mãe Terra
O alento Dela é o azul celeste das alturas do céu

E os sussurros das folhas da floresta
Saibas que a dureza dos teus ossos foi criada dos ossos de tua Mãe Terra
Saibas que a maciez da tua carne nasceu da carne de tua Mãe Terra
A luz dos teus olhos, o alcance dos teus ouvidos
Nasceram das cores e dos sons da tua Mãe Terra
Que te rodeiam feito às ondas do mar cercando o peixinho
Como o ar tremelicante sustenta o pássaro
Em verdade te digo, tu és um com tua Mãe Terra
Ela está em ti e tu estás Nela
Dela tu nasceste, Nela tu vives e para Ela voltará novamente
Segue portanto as suas leis
Pois teu alento é o alento Dela
Teu sangue o sangue Dela
Teus ossos os ossos Dela
Tua carne a carne Dela
Teus olhos e teus ouvidos são Dela também
Aquele que encontro a paz na sua Mãe Terra
Não morrerá jamais
Conhece esta paz na tua mente
Deseja esta paz ao teu coração
Realiza esta paz com o teu corpo."

Evangelho dos Essênios

CAPÍTULO 16

Eu Inferior, Eu superior...

Espírito algum construirá a escada de ascensão
sem atender às determinações do auxílio mútuo
Bezerra de Menezes

Quando mudamos o modo de nos ver perante a vida, paramos de nos cobrar tanto. Percebemos que está tudo bem no nosso mundo. Entendemos que o que resta a nós como seres espirituais, vivendo esta experiência material, é assumirmos o papel que nos cabe, fazendo uso das qualidades e dons que nos orientam nesta jornada. Acreditar que possuímos a capacidade de transformar situações de positivo em negativo, acreditar que a hora da mudança é agora. Pensar coletivamente antes de pensar somente em Mim, ou no Eu.

De novo estou me repetindo?

Como você, também me deixo, levar pela Mente... Pelas dúvidas que povoam minha consciência ainda em processo de despertar.

Fico pensando nos seres que por amor a nós, saem de suas esferas de Luz, para somente, por amor, nos mostrar o caminho. Eles sabem que não poderão abrir portais sem que estejamos preparados para atravessá-los. Nenhum deles se contentará, até que vejam todos nós ascensionados e reintegrados, como irmãos, desde o primeiro até o último degrau.

Todos sem exceção pegaram seus Eus Inferiores no colo, e com eles, atravessaram dimensões e dimensões. No aguardo de se encontrarem um dia, todos numa mesma condição. Isto é amor. Um amor que nem fazemos ideia de como é.

Emoções em nós há tanto tempo adormecidas, que com tudo pelo que atravessamos, perdem o verdadeiro valor, se contaminando com as baixas vibrações inerentes da raça humana.

Se temos todos um eu inferior, pode ter certeza que é o nosso Eu superior que nos impulsiona a chegar onde estamos, e onde deveremos chegar.

Lembram-se:

O Inconsciente é atemporal. Não existindo presente, passado e futuro.

Numa verdadeira caixa de Pandora, guardamos nossas memórias, nosso Registro Akáshico[24].

O Registro Akáshico é o registro individual de uma Alma desde o momento que deixa seu ponto de origem até que a ele regresse.

No momento em que tomamos a decisão de experimentar a vida, é formado um campo de energia com a finalidade de gravar todos os pensamentos, palavras, emoções e ações geradas por cada uma das experiências vividas. Esse campo de energia é denominado Registro Akáshico.

Akáshico porque está composto pelo Akasha, que é a substância energética da qual toda a vida está formada. AKASHA é uma palavra de origem sânscrita, que se utiliza para denominar um plano da consciência cósmica que atua como arquivo.

Registros, pois tem como objetivo gravar todas as experiências vividas.

"O Akasha, a Luz Astral, pode definir-se como a Alma Universal, a Matriz do Universo, o Mysterium Magnum do qual tudo quanto existe é nascido por separação ou diferenciação. É a causa da existência; por todo espaço infinito...é o espaço" (H.P. Blavatsky).

É uma parte da Mente Divina. É mencionado na Bíblia como "O Livro da Vida"... Os budistas se referem aos registros Akáshicos como "Memória da Natureza".

---

24. Registros Akáshicos segundo o hinduísmo e diversas correntes místicas, são um conjunto de conhecimentos armazenados misticamente no éter, que abrange tudo o que ocorre, ocorreu e ocorrerá no Universo.

É uma das ferramentas mais poderosas disponíveis no Planeta para nos ajudar a recordar a nossa condição de Unidade Divina. Quando nos ascendemos à energia dos Registros Akáshicos, abrimos um canal à comunicação direta com nossos Mestres e Anjos.

A meditação e o silêncio, nos ajudam a acessar nossas lembranças, com a ajuda dos nossos mentores e guardiões. Muitas vezes conseguimos acessar muitas das nossas lembranças e planos de energia, por onde já tivemos.

Com este entendimento, passamos a receber orientação, intuição, que nos ajudam a nos localizar neste mar de informações que é o nosso inconsciente. Tudo que se encontra ao nosso redor tem consciência em maior ou menor grau e está constantemente evoluindo. Algumas espécies evoluem muito devagar, outras em estágios mais avançados evoluem mais rapidamente.

Isto porque a vida é movimento, que faz parte e move a própria existência. Então precisamos observar que fazendo parte da criação, precisamos acompanhar este movimento. É lógico que cada um de nós tem o seu próprio ritmo. Este ritmo também é muito importante, respeitar o que é o tempo de cada um. Isto porque o desenvolvimento, e a evolução, eles obedecem aos princípios orgânicos da natureza.

Os princípios orgânicos não acontecem de maneira linear e sim tem uma natureza quântica, muitas vezes nos surpreendendo com seus "saltos". De repente, para algo que a gente já sabia que não era novo, compreendemos e incorporamos este conhecimento ou ensinamento de uma hora para outra. Apenas "caiu a ficha". Demos um salto, nos apropriamos do conhecimento, tomamos consciência.

Leva um bom tempo entre saber algo e incorporar este algo como um novo conceito na nossa vida. Cada um tem o seu tempo.

Nesta caminhada da evolução, temos dois Eus atuando: o Eu Superior e o Eu Inferior. Estes dois personagens aceleram ou atrasam nossa evolução. Atuam de maneiras diferentes em direções opostas. Outra vez precisamos estar atentos e observar, para podermos reconhecer quem está atuando.

Nosso Eu Superior está sempre alinhado com a Evolução e com o Grande Plano *do qual fazemos parte. Às vezes nem entendemos o que o Universo quer de nós com esta ou aquela determinada situação, mas existe um propósito. Nada é aleatório ou supérfluo no* Grande Plano. *Sempre podemos pedir ajuda e orientação ao nosso Eu Superior. E essa ajuda não falha, mas precisamos pedir. Parecido com um computador, onde precisamos acionar o recurso desejado. Um mantra ou uma oração, pode ser de grande ajuda. Evoluir significa se exercitar no plano mental, emocional, não é uma questão para os preguiçosos e os conformados. Estes são presas fáceis para o Eu Inferior. Ele é uma espécie de guardião dos nossos defeitos, que não está interessado em evoluir. Ele tem um discurso próprio de que "não vale a pena", "isto dá muito trabalho", etc... Está associado com nossa vítima, com a preguiça, etc.*

Então de um lado está o nosso Eu Superior torcendo para que avancemos na nossa caminhada, superando os obstáculos, sempre disposto a nos ajudar.

Do outro lado está o Eu Inferior puxando nosso tapete aliado com a involução, portanto na contramão de toda evolução. Isto cria dentro de nós uma forte tensão, a energia não flui. No corpo físico podemos inclusive sentir tensões, ou um mal estar, por conta desta disputa.

Então mais uma vez as sensações de bem estar, ou mal estar, nos dão uma boa informação sobre onde estamos na caminhada, se estamos seguindo em frente, se ou estamos estagnados com o freio de mão puxado ou ainda se estamos regredindo.

Outra vez nosso Eu Observador vai nos dar a dica. Quando percebemos que o Eu Inferior está no comando precisamos negociar. Ele não funciona com críticas nem com xingamentos. Precisamos fazer dele um aliado para enxergar o que dentro de nós precisa mudar ou evoluir, portanto precisa de uma especial atenção.

Isto funciona porque dentro do seu cerne o Eu Inferior também tem um ponto luminoso, por isso todo este trabalho é possível. Mudar, transformar, evoluir é uma Lei do Universo, no mundo espiritual tudo é Luz. A Luz é nossa aliada sempre.

Para nossa evolução, precisamos da consciência que precisa ser conquistada em etapas, com vários passos. Esta consciência é permanente, faz parte nós, são nossos direitos adquiridos, conquistados. E desta forma nossa alma se torna mais refinada a cada negociação bem feita, transformando o negativo para o positivo, num processo que dura uma vida toda.

Elsbeth

Olhar nosso Eu Superior com Gratidão e nosso Eu Inferior com Infinita Misericórdia, como se fosse uma criança sem nenhum juízo, como talvez nossos irmãos de outras esferas nos enxerguem, faz com que seja o caminho encontrado pelos Seres de Luz, para alcançarmos o verdadeiro caminho evolutivo, equilibrando as forças pertinentes ao nosso Eu.

CAPÍTULO 17

Eu me Perdoo

*"A consciência é como a luz, ninguém a nota,
no entanto ela ilumina tudo".*
Autor Desconhecido

Em contato com sua supraconsciência, com seus caminhos, já direcionados pelo inconsciente coletivo, o que nos resta a fazer com o que resta de nós? Com aquelas vozes internas que ainda teimam em serem ouvidas, e que nos colocam em constante alerta?

Meus monstros ocultos, sob o medo, sob as máscaras que tão bem, consegui esconder...

O que fazer com o lixo emocional que juntei por anos a fio, resultado dos dramas, das loucuras e análises sem fim?

Tudo isto sou eu. Me nego a abrir de novo gaveta por gaveta, e insistir que tudo desapareça, para dar lugar a este novo ser que de uma hora para outra, descobre que tudo que acreditou, numa existência inteira, nada mais é que um jogo louco de manipulação.

E o pior é que esta consciência absurda me faz sentir à beira do caos, como se tudo tivesse se desconectado e conectado novamente em algo novo e desconhecido.

Vejo todo mundo falando em despertar, e dando mil receitas para se chegar ao denominador comum, da nova consciência, e me pergunto: Se a evolução é um caminho individual, pra chegarmos a um mesmo lugar, poderemos escolher caminhos diferentes, não é mesmo?

Se é assim, o que foi bom para mim, talvez não seja bom pra você. E vice e versa. Nossa busca pessoal é o que conta.

E como ia dizendo, o que fazer com todo lixo armazenado?

Se você respondeu "desarmazenar"... Muito bem, acertou.

Somos um micro computador, ligado a uma fonte original. Fazemos em nossa estada material, milhões de backup's, arquivamos informações que são sentidas, pelos cinco sentidos e mais o sexto. Tudo nos remete a uma lembrança, seja olfativa, ou gustativa, seja pelo tato ou pela audição, ou mesmo da fala. Um cheiro, uma brisa, um toque, um gosto, tudo nos remete a milhões de lembranças, guardadas no nosso inconsciente.

Desvendamos neste despertar, a capacidade de intuir, lembrar, de coisas e situações que vão além dos cinco sentidos.

Muitos de nós somos dotados de dons, ou capacidades sensitivas, que nos fazem perceber que estamos além da tridimensionalidade. Enxergamos, sentimos, ouvimos, falamos, com seres espirituais desencarnados, ou de outras dimensões.

Vimos atribuições destes dons a seres extraterrestres, seres dimensionais, anjos, arcanjos, milagres, dons do Espírito Santo, obras de macumba e até feitiços.

Quando o desconhecido bate à sua porta, o que o homem não sabe, acaba inventando e incorporando ao imaginário popular.

Muitos se auto intitulam paranormais... Eu acredito que o que somos é que é o normal. Trazemos em nossos Registros Akashicos lembranças do que fomos, e de onde fomos.

Vivi num mundo, ou melhor num período, que ser médium, era sinônimo de pobreza ou doença. Se o médium era rico ou com posses, logo associavam o mesmo com charlatanismo, ou se trabalhava com cura, algo trágico, poderia acontecer, lembrando-se dos médiuns que incorporavam Dr. Fritz, e outros mais.

Mas possuir dons, num planeta onde o Magnetismo terrestre, impedia qualquer uso de seus sentidos sensoriais, e cuja matéria, dificultava a comunicação entre as dimensões, já é difícil, imaginem entre os mundos?

Crianças até os sete anos de vida, eram assoladas, pelo medo, ou pelos amiguinhos imaginários, que as acompanhavam em suas infâncias. Sua comunicação com os planos superiores, eram muito mais fortes até esta idade, ainda traziam registros cármicos, mais arraigados à pouca experiência material.

Aquelas que, como eu, ou você, teimaram em conservar os dons, sensitividades ou paranormalidades, com certeza, tomaram muito, mas muito, aviso e reprimenda da vida, do "destino", para se manter no lugar.

Vida de médium, nunca foi realmente fácil, para quem encarnou neste Planeta. Muitos foram queimados em fogueiras, perseguidos, com o passar do tempo, e da evolução industrial e social, novas religiões e seitas, começam a aparecer, trazendo à Luz o Espiritismo e a doutrina espírita, o que facilitou e muito a nossa vida. O Plano Espiritual, e nossos irmãos de outras esferas, seres de outras dimensões, toda hierarquia extraterrestre, trabalhando incessantemente, para que um dia pudéssemos fazer nossa REINTEGRAÇÃO CÓSMICA.

E às portas deste acontecimento, não sei o que fazer, com todo lixo emocional que juntei, e nem com todo trauma, ou dor que vivi, nem com as culpas que teimei em ter.

Não sei como desarquivar de mim, todas estas impressões que me remetem ao meu passado mais recente, que me impede de reviver todo caos que vivi.

Voltando... Desarquivar.

Acertou... Mas como?

Entendendo que tudo está certo em seu mundo. Perdoando-se. Se errou, nem consciência tinha dos seus erros. Não esta consciência que te enche de Luz, que te ilumina pela presença do seu Cristo Interno.

Perdão. Acolha-se e se perdoe. Por nada e por tudo.

Deixe ir de você aquilo que já não lhe serve ou que nunca lhe pertenceu, que nunca fez parte da tua UNIDADE.

Busque no teu interior, a força necessária para se enxergar o mais profundamente possível, e se perdoe pelos erros cometidos contra o Amor, contra a Caridade, Contra a Natureza Divina, contra teu gênero, contra tudo que pensa que é, mesmo que nunca o tenha sido.

Perdoe-se e reescreva tua vida. Delete e deixe sua capacidade mental livre, para novos possíveis arquivamentos.

Afirmações para o Autoperdão

Em nome do Eu Sou, eu me perdoo pelos erros do passado, pelas minhas imperfeições, pelos aparentes fracassos pelos quais passei, por tudo que sinto vergonha de ter feito, por tudo de que tenho me acusado.

Com humildade, sabedoria, determinação e amor, lanço fora o orgulho que me impede de compreender o meu carma, os limites da minha atual condição evolutiva e as razões que estão na origem dos meus erros.

Eu me perdoo. Reconheço meus erros e quero repará-los. Transmuto suas causas, suas consequências, seus registros e suas lembranças. Liberto-me das algemas da autocondenação. E sigo meu caminho em paz.

Envio amor a todas as partes do meu ser que estiverem brigando entre si. Envio paz a todas as partes da minha vida que estão em conflito. Envio luz para dissolver a discórdia e a guerra que existirem em algum lugar no meu interior.

Ativo, com o poder do meu Ser Divino, o magneto do meu coração, para que a minha unidade interior seja totalmente resgatada. Recupero todos os fragmentos da minha alma que estiverem perdidos e distantes de mim. Reúno todas as energias divinas que me pertencem. Refaço num só instante toda a paz interior que, porventura, um dia eu tenha perdido. Vivifico o poder interior de reintegrar-me com meu Ser Divino. Envio amor, compreensão e perdão a todas as minhas células e a cada um dos meus átomos. E reverencio a Chama Divina, a luz de Deus dentro do meu próprio coração.

Eu Sou luz e minha vida é fonte de bênçãos para todos.

Aura Mater
Ensinamentos da Grande Fraternidade Branca

CAPÍTULO 18

Tomando Posse

Lembre-se:
Você não veio agora para viver uma vida comum.
Você veio para ser parte integrante de um despertar acelerado da humanidade.
Não é apenas para as massas,
é para você como um ser espiritual.
Considere isto como a oportunidade preciosa que realmente é.

Selácia

Tudo é Mental....

De novo? Já falamos sobre isto, várias vezes.

Então porque não compreendemos?

Por que é tão difícil compreender?

Se tudo é mental, e eu tenho a chave que pode abrir portais...

Entenderam?

Hoje Tomo Posse

Tomo posse de quem eu sou, tomo posse de toda prosperidade e abundância reservadas para mim, como criação de Deus.

Tomo posse da cura da minha alma, do meu corpo físico e do meu espírito.

Tomo posse das minhas lembranças que me fizeram escolher viver, neste momento tão importante, para toda humanidade terrestre. Tomo posse de cada oportunidade que me foi ofertada, para me tornar Una com Deus.

Tomo posse do meu lugar nesta grande nave, que nos levará para a quinta dimensão, e as outras esferas de Luz.

Tomo posse da transformação do meu corpo material e do meu corpo de Luz. Tomo posse, de todo Amor, que nos mantêm em Unidade. Tomo posse da certeza do poder da Luz em nos tirar da escuridão.

Eu tomo posse de mim, neste momento tão crucial, pois só assim, confiando na certeza de que juntos alçaremos voo, vou à busca de todo amor, que como ondas, chegam a esta dimensão, nos acolhendo como crianças, em braços firmes.

Em algum momento da tua vida, você sentiu que fazia parte de algo maior, acreditou e como eu, está aqui. Este momento é meu, teu e de todos que conscientemente, querem sair desta prisão, que nos mantêm afastados do resto da Criação.

Se tudo é Mental, você pode transformar sua vida.

Coloque em prática. Uma maneira de começar a entender a grande cena de seu ser aqui, agora, é explorar partes principais da jornada de sua alma. Estas incluem vidas de ponto de ignição que aceleraram o seu despertar.

Muito provavelmente, pelo menos uma destas vidas de ponto de ignição ocorreu na antiga Lemúria[25], na Atlântida ou no Egito. Nestas

---

25. Lemúria é o nome de um suposto continente perdido, localizado no Oceano Índico ou no Oceano Pacífico. A ideia teve origem no século XIX, pela hipótese geológica do Catastrofismo, mas desde então tem vindo a ser adotada por escritores do Oculto, assim como pelo povo Tâmil, da Índia.

civilizações, você pode ter dominado múltiplas habilidades e recebido ensinamentos sagrados envolvendo a natureza da vida e da vida após a morte. Uma lembrança do que você aprendeu está ainda em seu DNA hoje.

Outro tipo de vida passada de ponto de ignição é aquela em que você teve a sorte de estudar com um grande mestre espiritual. Tudo o que você aprendeu, então, se tornou sementes para a sua iluminação ao longo do tempo, e levando a hoje. Ou em algum momento, teve contato com seres extraterrestres, e os mesmos ativaram suas lembranças e o estimularam a buscar nelas as suas respostas, já tão esperadas.

Estas podem ser possíveis causas, para se tentar explicar o inexplicável, e o que fica difícil de se entender, é que o processo de evolução é teu, você mereceu estar vivendo este momento. Com passos calmos, intercalados por encarnações que serviram de ponto de ignição, ajudando a dar um salto quântico, em nossa evolução, chegamos aqui.

Eu sinceramente, não me lembro de experiências na Lêmuria, na Atlântida, ou mesmo o Egito, só sei que desde criança, tenho contato com o mundo espiritual e seres desencarnados. Desde criança, tenho uma lembrança, onde me via correndo por entre um bosque, com medo de ser vista, assustada com algo, ou alguém, me via chegando à beira de um platô, com o mar batendo forte sobre as pedras, erguendo os braços e fazendo um circulo no ar... Uma visão que me acompanha até hoje. Um ritual de proteção, de magia? Com certeza sim.

Mas o que hoje posso afirmar que veio a mudar todo meu pequeno mundo ocorreu numa noite, onde estava tomando conta de uma prima acidentada. Ela tinha sido atropelada, e eu passei a dormir num colchão do lado de sua cama. Nesta noite, igual a tantas outras, fui acordada do meu sonho. Sim, do meu sonho.

Mas o mais interessante, é que não estava no quarto, estava parada, com uma luz fantástica e intensa sobre mim. Esta luz falou dentro da minha cabeça, vocês devem estar se indagando que isto deveria fazer parte do meu sonho ainda, mas não, meu sonho congelou. Da Luz ouvi meu nome e se queria entrar com eles. Foi um convite. Aceitei.

Ao entrar, fomos impulsionados a uma velocidade enorme, íamos "voando" sobre lugares conhecidos, onde pontuavam situações que diziam respeito a minha própria vida. Num dado momento, entramos na terra, e na mesma velocidade, fomos em direção ao céu.

Gostaria de lembrar o que ocorreu, mas com a mesma velocidade, e ao mesmo tempo, como se estivéssemos no ponto zero do tempo, esta luz entrou em mim e vi meus ossos, finos, vi minha massa corporal, a gordura do corpo, e vi meus órgãos. O que me lembro desta visitinha interna, é deles a me dizerem pra beber muita água.

Ao acordar de novo, na minha "cama", não conseguia me mover, nem mexer minha cabeça, só conseguia pedir ajuda a minha prima que acidentada, teve que ir se arrastando chamar ajuda de uma tia minha.

Eu sabia o que tinha acontecido, ou melhor, eu achava que tinha despertado minha Kundalini[26]. Agora até é engraçado ter achado isto. Quando minha tia chegou, eu tinha evacuado, urinado, vomitado e minha menstruação tinha descido. Talvez em decorrência da descarga de adrenalina pelo que tinha sofrido.

Depois disto, comecei a mudar sutilmente, comecei a desenhar umas mandalas[27] com as mãos, sobre papel branco e lápis de cera. Achava terapêutico. Depois de um tempo comecei a ver seres pequenos nesses desenhos. Loucura. Perguntava se viam, e ninguém via.

Um dia ao desenhar, me veio o desejo de escrever, comecei e quando fui ler o que havia escrito, achei que aquilo era uma carta de despedida.

"Olha, você não fez o que deveria e o tempo está se esgotando, continue a ter suas convicções sobre os seres extraterrestres. Suas amarras já estavam soltas". Mais ou menos isto.

---

26. É a energia que transita entre os chakras (centros de energia no corpo físico). Deriva de uma palavra em sânscrito que significa, literalmente, "enrolada como uma cobra" ou "aquela que tem a forma de uma serpente".
27. Diagrama composto de formas geométricas concêntricas, utilizado no hinduísmo, no budismo, nas práticas psicofísicas da ioga e no tantrismo como objeto ritualístico e ponto focal para meditação [Do ponto de vista religioso, o mandala é considerado uma representação do ser humano e do universo.].

Afffff. Vou morrer! Ainda lembro-me de dizer para minha prima. Passou um tempinho, comecei a ter fortes dores, que foi diagnosticada como vesícula. Comecei a sofrer pra caramba, crise atrás de crise. Somente cirurgia. Mas moça, quem queria ficar com uma cicatriz na barriga?

Não tendo o que fazer, fui operar. No Hospital Beneficência Portuguesa, a operação foi marcada para o dia seguinte. Eu naquele dia não quis ninguém no meu quarto, queria fazer minhas orações. Na hora da operação, a mesma por um motivo que já não me lembro, foi adiada. No outro dia a mesma coisa, outro adiamento.

Aproveitava para limpar o quarto com álcool e fazer minhas preces, não pense que isto era comum porque não era. Nunca fui de desinfetar nada, principalmente no hospital. No fatídico dia da operação, falei pra minha tia que se eu morresse, era pra fazer algumas coisas, meio que um testamento. Ainda todo mundo rindo e lá fui eu, pra o que eu mais tarde chamaria de prova de fogo.

Na mesa de cirurgia disse ao médico que, se caso não desse certo, pra eles não me abrirem. Fui informada que se algo acontecesse, teriam que reverter a laparoscopia em normal. E era o que eu não queria.

Quando acordei, coloquei a mão na barriga e soltei um palavrão. Verdade. Palavrão.

Perguntei por que eles tinham me aberto. Quando fui levada ao quarto, depois de onze horas no centro cirúrgico, minha família quase louca, queria indagar ao cirurgião o que tinha ocorrido.

O mesmo disse que quase no final da laparoscopia, houve uma hemorragia de um dedo de espessura, muito sangue.

Quando o mesmo abriu e pediu as compressas, para estancar o sangue... Cadê o sangue? Não existia.

Até hoje devem estar se perguntando, onde foi parar a hemorragia. Fui aberta sem ter um porquê.

Mas se pensam que a história terminou? Engana-se.

Ao chegar ao quarto, e ainda atordoada pelos acontecimentos e anestesia, e com a família ainda em polvorosa, pelo meu retorno, comecei a perguntar que cheiro de queimado era aquele, no qual alias ninguém sentia. Até que um amigo foi na janela, e saiu correndo depois outro e até alguém gritar... Fogo!

Ninguém acreditava que um hospital tão grande pudesse estar pegando fogo no ar condicionado no andar de baixo do da minha janela.

Entrei em pânico... E foi assim que terminou minha prova de fogo e começa minha saga...

Depois de toda minha história, comecei a realmente mudar. Comecei a procurar grupos de pessoas que tinham tido contatos ou sofreram abduções.

Percebi que minha "mediunidade" estava bastante acentuada, e que algo a mais tinha ocorrido, numa abdução extrafísica, e numa operação onde fui aberta sem causa aparente,

Talvez esta seja minha vida, que tenha sido meu ponto de impulso ou ignição. Minha experiência com extra físicos, ou extraterrestres, daria outro livro, e não quero deixar que você se atenha com nada que não seja suas próprias experiências.

Lembra-se da nossa listinha? Faça outra.

Quero que enumere as tuas possibilidades, quais foram tuas experiências, o que impulsionou o teu despertar. Conte-me, e tome posse do seu Eu, tua hora chegou.

CAPÍTULO 19

Quem São Eles...

*Se não existe vida fora da terra,
então o Universo é um grande desperdício de espaço...*
Carl Sagan

Você não precisa ver para crer, você tem que crer para ver. E foi crendo que conheci. Não espero que você creia, como venho me repetindo, abra a sua mente e deixe que sua alma fale por você.

Não estamos sozinhos. Diferentes mundos, diferentes civilizações, diferentes planos, diferentes modos de vida. Nem todos são bonzinhos, mas aqui também o bem e o mal é relativo. O bem para alguns deles é não ter emoções, o mal para nós é não as ter.

Tudo é relativo.

Por vivermos em planos diferentes, muitos têm "deuses" diferentes...

Mas todos sem exceção prezam pelo equilíbrio das forças e energias que regem o Cosmo e seus diferentes Universos. Muitos são construtores de mundos, outros invasores de outros.

Para se chegar a um equilíbrio, muitos acordos foram feitos e também muitos foram quebrados.

Já houve um tempo em que a Terra foi excessivamente visitada. Muitos querendo conhecer, ou acompanhar o "progresso" que os humanos estavam fazendo, neste quadrante do Universo, outros de olho talvez, nas riquezas naturais de um planeta novo.

Enumerar as visitas, ou as abduções ocorridas por aqui, não é nossa intenção, mesmo porque, foge e muito do assunto em questão. O que quero e preciso que entendam é que nossa Reintegração, afeta a eles, como nosso exílio, afetou também.

Nós fomos apartados de todo conhecimento de verdade, e a maioria deles, até hoje aguarda nosso retorno, como irmãos que há muito não se viam. Nossas histórias lá atrás, se misturam, em algum momento da nossa história genética, sofremos mutações com muitas raças.

Todo este tempo, em que fomos salvaguardados de nós mesmos, pela falta de capacidade de convívio, e respeito pelo coletivo, muitos nos vigiavam de perto, como crianças que somos perto da evolução deles. Éramos observados, vigiados e cuidados, para que não colocássemos o equilíbrio planetário em perigo, como muitas vezes, foi ameaçado em plena guerra fria.

Muito de nossa tecnologia, vem de uma raça onde suas constantes visitas, chamaram muita atenção de governos como os USA e a União Soviética. Os Greys, como são chamados, de uma capacidade cientifica e tecnológica sem precedentes, muito auxiliaram no desenvolvimento de nossa tecnologia. Mas por outro lado, pela falta de emoção, e sentimentos, eram os que mais abduziram seres humanos e animais, para experimentos.

Pelos idos dos anos 50, foi feito um acordo entre os comandos estelares, que proibia as ocorrências de abduções por estes lados, face o crescimento de casos, e cujo interesse, não eram ser descobertos pela população em massa.

Há muito se fala na presença alienígena entre nós. Livros como Eram Deuses Astronautas (Erich von Däniken), Carl Sagan, séries de televisão e filmes de sucesso como Contato Imediato de Terceiro Grau, ET, desenhos, entre muitos outros, já traziam mensagens e nos preparava para esta possível realidade.

A humanidade, mesmo não crendo, sente a informação da existência de extraterrestres, como se fizesse parte do imaginário popular. E este talvez tenha sido o meio escolhido pelas grandes potências, para se preparar a humanidade para esta verdade. A existência de uma hierarquia espiritual, bem como a existência de seres extraterrestres é uma coisa que não cabe a nós querer entender de pronto.

Fique aberto a todas as possibilidades.

Como já lhes disse, o véu da ilusão foi levantado, e a divulgação sobre a existência de vida em outros planetas, já pesa sobre os ombros dos governos e suas potências.

Muitos de nós tivemos as vidas alteradas, por experiências extrafísicas, por implantes, por contatos. O despertar de cada um vem sendo preparado há anos.

Não há volta. O caminho se faz necessário para que todos possam tomar posse de suas responsabilidades, e alçar novos voos a novos horizontes. Em pesquisas realizadas pelo doutor Jacques Vallée, em 1964, os casos documentados de contato com extraterrestres são classificados em três categorias, a saber:

1. **Contatos imediatos de primeiro grau** – *Observação simples do fenômeno, sem que este interfira no ambiente. São queridas pelos ufólogos, como mostradas em algumas fotos típicas.*

2. **Contatos imediatos de segundo grau** – *Semelhantes ao anterior, porém nestes são observados efeitos físicos em animais e matéria orgânica. A vegetação pode ser chamuscada ou podada (o caso dos círculos nas plantações, que poderei citar mais a frente) galhos de árvores quebram-se e animais ficam assustados, faróis de carros, motores e rádios desligam-se por algum tempo.*

3. **Contatos imediatos de terceiro grau** – *Os tripulantes do OVNI são vistos dentro ou nas proximidades da nave.*

Os contatos imediatos de terceiro grau trazem os casos mais alucinantes que se pode ter. A variedade de descrições dos seres extraterrestres é imensa, mas após a análise cuidadosa é possível reconhecer alguns padrões nas descrições que se destacam dos demais casos pela intensidade com que se repetem ao redor do mundo.

Desta forma a ufologia registrou os tipos de extraterrestres mais comuns, esses tipos são chamados de CEBES (Categorias de Entidades Biologicamente Extraterrestres) e são distribuídas em cinco variedades principais:

Categorias de Entidades Biologicamente Extraterrestres

Alfa

Os mais comuns, representando cerca de 67% dos casos de contatos imediatos de terceiro grau relatados, são chamados de greys – "cinzentos", pelo menos do que se conhece em vários países, sobretudo nos EUA; têm geralmente de 0,80m a 1,30m de altura, são esguios, com cabeça desproporcional, olhos grandes, ouvido, nariz e boca pequenos, pele rígida e elástica de cor cinza e, geralmente, quatro dedos. Podem enquadrar-se os ETs chamados por alguns autores de "reticulianos", rigerianos, "povo da serpente", "povo de ibis" etc.

Esta é a raça mais comum identificada pela Ufologia. São muitos os avistamentos, histórias e teorias referentes a eles, feitas de visionários da Nova Era a diferentes cientistas.

Os Greys como são apresentados pela comunidade científica:

São muito comumente descritos por suas vítimas de abduções. São considerados uma raça com motivos e propósitos desconhecidos em relação à Terra. Eles parecem estar abduzindo, estudando, testando vários indivíduos por motivos não muito claros. Os Greys como são apresentados pelo Movimento da Nova Era: são frequentemente identificados como demônios ou raça de energia negativa. Eles são sempre relacionados com muitas outras raças, como os Reptilianos e seus objetivos são desconhecidos. São relacionados com diferentes teorias de conspiração – uma mistura de visões científicas e da Nova Era. Uma das teorias afirma que uma ou mais de suas espaçonaves se chocaram e foram capturadas pelo governo dos EUA. O governo americano então fez um acordo secreto com os Greys, permitindo que eles façam abduções de humanos em troca de tecnologia.

A teoria da conspiração finaliza, afirmando que os Greys não mantiveram a sua parte no acordo. Estas são as descrições dos diversos tipos de Greys: (são todos Humanoides em aparência, com cabeça, tronco, dois braços, duas pernas e dois pés).

Subtipos:

- **Alfa 1:** Os Greys mais frequentemente vistos têm em torno de 60 a 120 cm de altura, muito magros, olhar delicado, de baixo peso, olhos negros extremamente penetrantes e inclinados sem pupilas, vestígios de boca e nariz, cabeça muito grande, com queixo pontiagudo. A cor da pele varia do cinza escuro ao cinza claro; do pálido ao branco e pode também ser bronzeado. Não há pelos em seu corpo.
- **Alfa 2:** Outros também comumente vistos são semelhantes aos descritos anteriormente, exceto nos seus 15 a 24 cm de altura, e parecem dar as ordens. Uma variação deste mesmo tipo descrito são os olhos negros arredondados como grandes botões negros.
- **Alfa 3:** Mais um tipo de Greys. São como pequenos robôs, atarracados e pequenos, com um liso e redondo capacete, com negros e profundos olhos, com o contorno da boca arredondado, tronco quadrado mostrando círculos concêntricos, cheiram como cabeça de fósforo queimada, e a pele tem a coloração cinza cogumelo. Este Greys agem como guardas de segurança.

Beta

Os tipo beta são o segundo tipo de extraterrestre mais comumente encontrados nos relatos de contato imediatos de terceiro grau computado cerca de 19% dos casos. São amistosos e muito parecidos com os humanos, têm pele clara, cabelos louros, tecnologicamente evoluídos, espiritualizados, benevolentes e confiáveis.

Atuam com mais intensidade no hemisfério sul do planeta e Variam de 1,40m a 2,00m de estatura; Os Beta alegam representar essencialmente força espirituais interessadas na evolução moral do Planeta Terra, e englobam os relatos envolvendo os Centaurianos e os casos relacionados ao Comando Ashtar. Não somente isto, mas os relatos os descrevem com frequencia como a força líder também junto a outras diferentes raças do ramo da evolução.

Gama

São altos, entre 2,10m a 2,50m, fortes, corpulentos e, às vezes, um pouco agressivos apresentando-se, em geral, envolvem roupas especiais. Sua frequência é elevada entre os casos registrados, computando 8% dos casos, mas sua atuação parece ter diminuído drasticamente desde o fim da guerra fria.

Delta

Os tipo delta fornecem um modelo menos abrangente do que os tipo alfa, beta e gama. Representam uma infinidade de casos isolados que tem em comum o fato de apresentarem um comportamento animal, quase instintivo. Não apresentam um contato cultural inteligente, mas assemelham-se a animais (como por exemplo, o ET de Varginha) ou robôs analíticos. Possuem, de modo geral, uma baixa estatura; representam cerca de 3% dos casos relatados.

Ômega

Conhecidos pelo nome de Espectrais, e representam aproximadamente 2% de todos os casos analisados de contato imediato de terceiro grau. Esses seres são energéticos ou luminosos e aparecem, sobretudo à noite. São raros e não têm forma definida.

Possuem uma aura luminosa que se confunde com a luz do ambiente e um corpo mais sutil que o nosso. Apesar de raramente interagirem culturalmente com suas testemunhas, todas elas são unânimes em afirmar que os tipos ômega emanam sentimentos de paz e amor. Muito espiritualizados, geralmente se apresentam mostrando muita leveza flutuando ou voando, de tal foram que normalmente são confundidos com anjos, arcanjos ou com figuras bíblicas.

É sempre importante mencionar que estamos trabalhando com elementos especulativos e dedutivos. Nada impede que existam alguns casos onde o ser humanoide não se enquadre em nenhuma das categorias da classificação acima – as exceções à regra. Mas, de um modo geral, assumindo a possibilidade de uma enorme diversidade anatômica de uma mesma forma de vida, a classificação descrita acima é, até agora, o instrumento mais compatível e aplicável.

Um exemplo de exceção à regra é um caso clássico da casuística ufológica brasileira e que envolve um ser descrito como ciclope.

Seres diferentes também aparecem em relatos históricos, diferenciando-se do padrão humano, tais como "os seres em caudas de serpentes" que são vistos em relatos chineses e maias (ler *O Mistério das Serpentes Voadoras*) ou os "seres azuis e de múltiplos braços" que encontramos nos antigos textos hindus (ler *Mahabharata, Vimanas e os Extraterrestres*).

Existem inclusive outras classificações, seguidas por adeptos do movimento cultural da "Nova Era", onde eles afirmam que realizam contatos extraterrestres periodicamente e os seres intervêm em nosso planeta, de acordo com os interesses de suas raças e planetas. Afirmam inclusive que alguns têm intenções benévolas para conosco, segundo os supostos contactantes.

Reafirmando, essa classificação segue preceitos exclusivos de um movimento cultural, e dificilmente podemos comprova-los através de evidências físicas! Acreditar ou não, é algo que deixo para cada um!

Segue abaixo tal classificação, para seu próprio julgamento:

- **Andrômedas:** Formam uma raça não física de seres "angélicos" da Galáxia Andrômeda. Eles formam essencialmente a força espiritual dentro do Comando Ashtar e são os guias entre os Plêiades e de todo nosso ramo de evolução humana. São também a força líder junto a menor e mais diferente raça do ramo da evolução: Cygnusiana – tranquila, viçosa, anfíbia como as criaturas vindas de planetas da Constelação Cygnus. Mais uma vez, os seres da Galáxia Andrômeda estão ajudando os seres da nossa própria Via Láctea a crescer; é um exemplo macrocósmico de como a civilização plêiade está ajudando o crescimento da Terra.

- **Arturianos:** Membros da Confederação dos Humanos. Os Arturianos são uma raça muito espiritualizada que vive em um universo ou realidade fraterna. Parece haver no planeta deles, um portal de alguma espécie, o qual transmite alta energia ao nosso universo dimensional.
- **Arianos (Louros):** Humanóides, louros, nórdicos, que trabalham com os greys. Dizem ter sido capturados pelos Reptilianos e também terem implantes. Eles dizem ter uma tendência a mudar a sua lealdade entre os Reptilianos e a Confederação dos Humanos.
- **Azuis ("Guerreiros Estelares"):** Azuis dizem ter pele translúcida, olhos de formas amendoadas e pequena estatura. A grande questão do aprendizado deles é "perseguir sua paixão", não sendo pressionado por nada, mas sendo o que e quem são. A informação sobre os Azuis vem de Robert Morningsky, um dançarino da tribo apache Hopi. De acordo com Morningsky, os primeiros contatos alienígenas começaram entre 1947 e 1948, com os Greys contatando o governo dos Estados Unidos para firmar um tratado entre eles. Os outros alienígenas contatados eram os Azuis.

Eles aconselharam o governo norte-americano a não negociar com os Greys, informando que isso poderia levá-los a um desastre. Aconselharam também aos Estados Unidos perseguir sua própria trilha. Disseram que ensinariam em paz e harmonia se os homens se desarmassem e os ouvissem. Os militares disseram não ao acordo com os Azuis. Eles então se afastaram, mas aos poucos decidiram permanecer no nordeste do México e do Arizona e fizeram um acordo com os indígenas. Estes alienígenas são conhecidos pelos índios como Guerreiros Estelares.

Por conseguinte, os Greys começaram a monitorar os Azuis, que tiveram que fugir da reserva indígena. Uns poucos índios idosos foram com eles. A lenda Hopi conta que havia duas raças: "as crianças de pena que vieram dos céus"; e "as crianças dos répteis, que vieram do fundo da Terra". As crianças dos répteis perseguiram os índios Hopi fora da Terra. Estes demônios subterrâneos eram também chamados de "dois corações".

- **Centaurianos:** Estes são dos tipo louros nórdicos, que vêm de Alpha Centauro. Como os Plêiades, procuram nos ajudar no crescimento espiritual, mas não tomam um papel ativo como as outras raças. Os Centaurianos têm mantido contato com algumas pessoas selecionadas na Terra.

- **Confederação dos Humanos (Confederação Intergálatica):** Esta é a mais freqüente referência à "Confederação Intergalática", liderada pelo Comando Ashtar. Consiste em uma organização de seres espaciais nascidos da energia positiva, que estão ajudando a raça humana a longo tempo e desejam protegê-la. Incluem-se os Vegas, Arturianos, Sirius, Plêiades, Lirianos, DALs e Centaurianos.

- **DALs:** Esta raça de tipo nórdico vem do chamado Universo DAL. Eles são um ramo dos Lirianos. Espiritualmente e tecnologicamente estão de 300 a 1000 anos à frente dos Plêiades. Eles estão ajudando os Plêiades de maneira muito similar a ajuda que dão aos terráqueos.

- **Greys:** Esta é a raça mais comum identificada pela Ufologia. São muitos os avistamentos, histórias e teorias referentes a eles, feitas de visionários da Nova Era a diferentes cientistas. Os Greys, como são apresentados pela comunidade científica, são muito comumente descritos por suas vítimas de abduções. São considerados demônios ou raça de energia negativa, com motivos e propósitos desconhecidos em relação à Terra.

Eles parecem estar abduzindo, estudando e testando vários indivíduos. São frequentemente relacionados com muitas outras raças, como os Reptilianos e com diferentes teorias de conspiração – uma mistura de visões científicas e Nova Era.

Uma das teorias afirma que uma ou mais de suas espaçonaves se chocaram e foram capturadas pelo governo dos EUA. O governo americano então fez um acordo secreto permitindo que eles façam abduções de humanos em troca de tecnologia. A teoria da conspiração finaliza, afirmando que os Greys não mantiveram a sua parte no acordo. Estas são as descrições dos diversos tipos de Greys: (são todos humanoides, com cabeça, tronco, dois braços, duas pernas e dois pés)

- **Lirianos:** Esta é a mais antiga das raças, da qual emergiram nosso ramo da raça humana, incluindo os tipos Nórdicos, os Orions, e mesmo os Greys. Totalmente guerreira no início de sua civilização, a raça liriana aprimorou seus modos e é agora espiritualmente e tecnologicamente evoluída, chegando ao nível dos Plêiades.

- **Império de Orion (Forças de Orion):** Os Orions são formados por duas raças opostas. O "Conselho de Luz", do sistema estrelas de Betelgeuse, e os igualmente poderosos demônios Orions, do sistema estrelar de Rigel. Os Orions tomaram muitos dos planetas de nossa galáxia de raças de menor espiritualidade, mas sempre foram confrontados pela Confederação Intergalática. A parte conquistada do Império Orion foi derrotada há 200 mil anos, pela Confederação Intergalática, mas os Orions não haviam ameaçado a Terra até então. Eles estão no momento se preparando para alçar "a quarta dimensão", assim como nós na Terra.

- **Plêiades:** Os Plêiades são uma coletividade de extraterrestres do sistema estrelar Plêiade. Sua cultura é antiga e parece vir de outro universo de amor, muito antes da Terra haver sido criada. Eles formam uma sociedade a qual vivem com idéias e ideais que ainda não nos são familiares.

Os Plêiades começaram um projeto de contatar e inspirar os humanos terrestres a tomar de volta a sua força interior e criar uma realidade melhor para eles mesmos. Eles estão aqui como embaixadores de outro universo para ajudar a Terra na sua transição da terceira dimensão para quarta dimensão energética e assistir a cada um de nós no esforço de conscientização e conhecimento interior.

Como seu projeto tem se tornado muito bem sucedido, muitos ET's têm se juntado ao grupo, alguns de outros sistemas estrelares. Supostamente nos ensinam a forma de energização metafísica pessoal e social, com amor e de forma clara. Os Plêiades falam como uma coletividade e não indivíduos. Eles não aparecem sob forma física e acham seguro enviar suas mensagens através da canalização, e não atrair muita a atenção.

- **Sirius:** Membros da Confederação dos Humanos. Eles são uma raça aquática, algo como uma versão de golfinhos e baleias. Eles estão no sistema solar muitos ligados a nossas maneiras físicas. Também exercem um papel na ajuda à Terra, mas fazem isto de forma sutil, em nossos oceanos.
- **Reptilianos:** A raça Reptiliana, de Draco, um planeta conquistado, é controlada pelos Greys por meio de um implante. Eles também dizem ser a mente mestre dos planos de abduções. Possuem uma recém-criada "meia-criatura" com implantes para derrotar a Confederação dos Humanos. Os Reptilianos também usam os humanos como alimento.
- **Vega:** Membros da Confederação dos Humanos. Estas raças são as mais citadas em livros, publicações e grupos de discussões.

Acreditar ou não depende de cada um de nós. Porém as evidências estão presentes. E não são poucas. Deixo ao encargo de suas consciências e as lembranças de sua almas.

Muitos, como eu, podem trazer em seus registros, sinais deste conhecimento, outros ainda terão oportunidades de o terem.

Mas o mais importante, é que tudo esta vindo a tona.

CAPÍTULO 20

Espiritualidade *vs* Religião

"Deus te joga de um sentimento ao outro e te ensina por meio dos opostos, de modo que terás duas asas para voar, não uma."

Rumi

Tenho me sentido muito próximo de você agora, sei que tudo que vimos até aqui, pode te trazer um monte de dúvidas e incertezas, mas te garanto que tudo fará com que pense, e esta é a razão de tudo isto.

Busquei minha vida inteira, estar neste momento atual da vida... As verdades estão sendo reveladas, e eu estou encarnada, para viver tudo isto, ou se puder, contribuir para que tudo isto aconteça.

Fico pensando como as pessoas se sentem, quando descobrem que tudo que acreditaram, não passou de simbolismo, ou falsos dogmas e crenças. Muitas verdades foram ocultadas, outras foram se perdendo com o tempo. Onde se achava que havia o sagrado, foi encontrado a mão do homem, palavras ditas sagradas, já não faziam sentido, quando a alma já não conhecia a linguagem do coração. A perda da conexão com o Divino fez com que se acreditasse que seria necessário que a religação fosse feita através de dogmas, crenças e um tanto de censuras e pecados.

Como renegados e exilados neste quadrante do Universo, nada mais nos restava além de novas regras, para se temer e enfrentar o "Mal". Mesmo desconhecendo que este Mal, habitava em cada um de nós. Como já vimos, se somos fruto da mistura de 49 raças de espécies diferentes, tenho certeza de que algo deu muito errado. E eles também devem ter esta certeza, já que nos mantiveram por tanto tempo afastados, numa quarentena sem prazo e validade.

"Comemos do fruto proibido... Expulsos do Éden..."

Precisávamos de um Deus com mão de ferro. Um que nos conduzisse, pela dureza do olhar, pela mão pesada, pelo medo, pelo pecado.

Perdemos nossas asas pelo caminho estreito, e podem acreditar, nossa alma e nossos irmãos que acompanharam nosso calvário, até hoje choram.

Levas de almas renegadas e errantes, encarnadas num planeta, onde a maior batalha, seria com eles mesmos a fim de sufocar em seus próprios seres, a essência do erro em seus genes e espíritos.

Toda uma hierarquia de irmãos na Luz chorou por nós. Suas lágrimas caem até hoje, pelos nossos erros contra o Amor.

Muitos se dispuseram a interceder por nós, outros encarnaram para nos ajudar a atravessar as trevas da ignorância.

Por isto repito que *despertar* é o que se espera de nós. Nossa volta será recebida com lágrimas de felicidade, nossa alma, tão calejada, pelas sucessivas reencarnações, encontrará na própria ascensão, o retorno para casa,

A espera é grande, toda uma hierarquia de luz, trabalhadores e servos incansáveis, verão seus filhos e irmãos, voltarem a fazer parte do Todo.

Eu, Você...Todos, voltaremos a ser uma Unidade.

Abra os olhos, deixe sua mente quieta, ouça a voz interior que clama pela verdade.

Foram tantos caminhos, tantas religiões, ou tentativas vãs de religações, que nos afastávamos cada vez mais da essência divina em nós. Buscamos em templos, em igrejas, o que somente em nosso ser iríamos encontrar, não podemos perder à oportunidade, tudo que você precisa se encontra aí dentro de você. Você é essência divina de Deus Pai e Mãe.

Faça com que tua mente e tuas células acreditem, que teu corpo físico acredite. Tua alma quer voltar pra casa cansada que está de viver uma jornada de Karmas e Darmas, de expiações e ajustes cármicos.

Muitos homens já ascencionaram, Shiva, Buda, Cristo, Mestres Ascensos, por que não eu ou você? Nenhum deles veio pregar religião, todos sem exceção, vieram pregar o AMOR. Todos vieram pregar a verdade e a vida, mas pena que estas verdades foram deturpadas, para continuar a prender-nos nesta Matrix, e perpetuar por medo ou pecado, o jugo do peso que cada um de nós carrega até hoje.

Na verdade já estivemos próximos de dar um passo maior, mas na hora H, esquecemo-nos de fazer o bom uso dos dons, ou das ervas, ou da magia e lá vamos nós, amargar mais um pouco, uma, duas ou cem ou mil encarnações, em busca de aperfeiçoamento e burilamento da nossa alma e espírito.

Aconteceu com todos pode acreditar.

Um único erro e lá se vai a oportunidade de sair da Roda de Sânsara[28], do véu da ilusão, ou do magnetismo controlador que nos mantêm nesta prisão de terceira dimensão.

Mas agora, veja bem, a oportunidade é para todos, e não somente para um ou outro. A oportunidade se faz por tudo que já vimos. O planeta vai se elevar, nossa ascensão será coletiva. O Despertar é enxergar o caminho com os olhos da Alma e do Amor.

Se antes acreditávamos que era preciso uma Religião para nos religar a Deus, hoje necessitamos de um conhecimento maior da Espiritualidade, para nos fazer entender que a Ligação com Deus nunca foi rompida. A espiritualidade nos ajuda a ouvir nossa voz interior.

---

28. A roda do Samsara engloba seis caminhos diferentes, definidos a partir do karma. Porém, por mais que se alcance uma existência abençoada, o sofrimento ainda é inevitável: mesmo os seres mais iluminados ainda estão sujeitos aos males do mundo, e à reencarnação. Apenas a iluminação quebra o ciclo.

Espiritualidade *vs* Religião

A religião alimenta a mente.
A espiritualidade alimenta a alma.

A religião aprisiona, segrega.
A espiritualidade liberta e une as almas
a um único princípio O Amor Divino.

A religião não é apenas uma, são centenas.
A espiritualidade é apenas uma.

A religião é para os que dormem,
A espiritualidade é para os que estão despertos.

A religião é para aqueles que necessitam que alguém
lhes diga o que fazer e querem ser guiados.
A espiritualidade é para os que prestam atenção à sua Voz Interior.

A religião tem um conjunto de regras dogmáticas.
A espiritualidade te convida a raciocinar sobre tudo, a questionar tudo.

A religião ameaça e amedronta.
A espiritualidade lhe dá Paz Interior.

A religião fala de pecado e culpa.
A espiritualidade lhe diz: "Aprenda com os Erros".

A religião reprime tudo, te faz falso.
A espiritualidade transcende tudo, te faz verdadeiro.

A religião não é Deus.
A espiritualidade é tudo e, portanto: é Deus.

A religião inventa.
A espiritualidade descobre.

A religião não indaga e nem questiona.
A espiritualidade questiona tudo.

A religião é humana, é uma organização com regras.
A espiritualidade é Divina, sem regras.

A religião é causa de divisão.
A espiritualidade é causa de União.

A religião lhe busca para que acredite.
A espiritualidade você tem que buscá-la.

A religião segue os preceitos de um livro sagrado.
A espiritualidade busca o sagrado em todos os livros.

A religião se alimenta do medo.
A espiritualidade se alimenta na Confiança e na Fé.

A religião faz viver no pensamento.
A espiritualidade faz Viver na Consciência.

A religião se ocupa com fazer.
A espiritualidade se ocupa com Ser.

A religião alimenta o ego.
A espiritualidade nos faz Transcender.

A religião nos faz renunciar ao mundo.
A espiritualidade nos faz viver em Deus, não renunciar a Ele.

A religião é adoração.
A espiritualidade é Meditação.

A religião sonha com a glória e com o paraíso.
A espiritualidade nos faz viver a glória e o paraíso aqui e agora.

A religião vive no passado e no futuro.
A espiritualidade vive somente no presente, no agora.

A religião enclausura nossa memória.
A espiritualidade liberta nossa consciência.

A religião crê na vida eterna.
A espiritualidade nos faz consciente da vida eterna.

A religião promete para depois da morte.
A espiritualidade é Encontrar Deus em Nosso Interior durante a vida.

Autor desconhecido – Um Gênio da Observação

CAPÍTULO 21

Sementes Estelares

"As mudanças estão ocorrendo a todo instante, desde o início do homem no planeta. O que acontece agora é a conscientização dessas mudanças, em função de um fator universal: um salto quântico na evolução do sistema. Os conceitos passam pelos próprios julgamentos, para, finalmente, estabelecer-se o conhecimento a caminho da Sabedoria Plena. No íntimo, o homem se descobre nas suas ilusões (maia), enfrentando suas "feras", de onde sairá um Ser lúcido e modificado. Chega para este, com a rapidez de um raio, o sentido do claro e do escuro, e com este sentido, a irremediável separação do joio e do trigo. Somente após o trigo amadurecer é possível separá-lo do joio. Se for efetuado este desligamento antes, o trigo não brotará. É a Luz no seu processo de brilhar na escuridão de sua própria condição."

Asthar Sheran

Em cada capítulo, tenho instigado você a pensar.

A abordagem que tentei usar com você foi como se nós pudéssemos nos comunicar de consciência para consciência, de ser para ser, de alma para alma. Quis que você enxergasse com a visão de quem já esta acordando.

Se não consegui, peço que me perdoe. Mas tenho certeza de que algo ficou registrado em tua mente, que muitas perguntas te levaram a se questionar, sobre o que já viveu ou sentiu.

Não importa a tua idade terrena, nem teu conhecimento ou sabedoria. Sei que como eu, você já se questionou sobre as perguntas primárias:

Quem sou eu? De onde viemos? O que estamos fazendo aqui?

O teu Ser indaga o que tua alma ainda não consegue traduzir...

Que sentimento é este que invade e me deixa neste estado de vazio? Algo como se não me encaixasse na família ou impedisse de me entrosar com outras pessoas? Porque me sinto sozinho no meio de uma multidão?

Quando éramos criancinhas, podemos até mesmo ter nos perguntado onde estavam os pais verdadeiros, ou se éramos adotados. A sensação de sermos diferentes, solitários e de ansiar por alguém ou algum lugar que não se pode recordar com precisão muito provavelmente desempenhou algum papel nas nossas vidas. Sem dúvida, você leitor costumava contemplar as estrelas e implorar que alguém – não importa quem fosse, viesse e o levasse para casa.

Quero te dizer uma coisa... Muitos de nós viemos de outros lugares, outras esferas, outros planetas, com a missão de, como Sementes Estelares, sermos encarnados neste Planeta. Viemos semear uma nova consciência e ser um ponto de apoio, para ajudar a desenvolver nos corações a Maestria de voltar a nos reconectar com o Todo.

Sabemos que muitos de nós encarnamos na Terra com o compromisso de auxiliar a transição deste momento. Mas um preço muito alto, deve ser pago... Nós também perderemos a nossa consciência e a lembrança de quem éramos, com a densidade deste magnetismo terrestre.

Contávamos com nossa capacidade de superação, quando o momento permitisse e a lembrança, total ou parcial do que estávamos fazendo aqui, nos ajudaria a auxiliar os nossos irmãos e este lindo planeta azul.

Abaixo transcrevo um trecho de Edward Morgan em *Quem são as Sementes Estelares?*

> *As Sementes Estelares têm um papel importante na Ascensão global. Elas são almas extremamente evoluídas que se voluntariaram para encarnar na Terra exatamente neste momento e que viveram a maior parte de suas existências em outros planetas, sistemas estelares, galáxias e dimensões. Muitas delas tiveram milhões de existências aqui neste planeta. Isso mesmo, viemos aqui para cumprir o grande plano que projetamos juntos, para que a humanidade pudesse ter um futuro diferente da extinção. É a primeira tentativa, em todos*

os universos, de impulsionar todo um planeta para saltar de uma dimensão para outra, enquanto levamos os corpos físicos conosco. Esta é a sua última existência nas dimensões inferiores. Vocês podem pensar que a Ascensão seja uma coisa da nova era, mas não é; sempre foi uma oportunidade para todos, mas não em massa. Há seres que viveram aqui e além disso dominaram o Self, dominaram sua energia, que vieram aqui com o propósito de mostrar o caminho: Jesus, Buda, Kuan Yin, Saint Germain são apenas alguns dos muitos mestres ascensos, eles atingiram os níveis mais elevados da consciência dentro e fora do corpo. Eles todos são seres avançados e extremamente evoluídos, vindos das estrelas e não têm ligação com religiões; as religiões distorceram os seus ensinamentos para tirar proveito pessoal e controlar as pessoas.

Qual é a sua missão, então? Em primeiro lugar, você tem de despertar plenamente. Trabalhar em si, e restabelecer a conexão com a Fonte e com o seu Eu Superior (Interno) que é o nosso maior tesouro, é o que você se arriscou a perder quando veio para cá. Mas, você não perdeu, e você sabia que deveria se lembrar de tudo.

Sempre o chamamos de Eu Superior como se estivesse acima de nós, separado de nós. Bem, trata-se da sua versão mais elevada, sua plena consciência anímica e não está separado de você, é você! É por isso que o superior e o interior são os mesmos, é o verdadeiro você que foi esquecido por tanto tempo. Conheço esse anseio que temos internamente, desejamos estar plenamente conectados à plena expressão de nós mesmos, deixar que a corrente da consciência flua através de nós. Aqui, às vezes, enjaulados, aprisionados, restritos pela densidade deste corpo. Costumávamos ter muito mais liberdade. Lembrem-se de que vocês pediram isso, e que o corpo humano é um dos mais avançados. Às vezes nos sentimos perdidos e até solitários, queremos somente ir para o lar. O lar é onde o coração está, dito isto, vocês têm que estar cientes de que pediram para estar aqui, vocês se voluntariaram. Ninguém os forçou a estar onde vocês estão. Vocês estão aqui para ajudar. O que vocês estão tentando fazer é exatamente o que eu descrevi antes, é esse desejo de expressão no nível da alma. Lenta, porém seguramente, vocês saberão quem são vocês.

Conforme se conectam à Fonte, vocês vão obter uma consciência cada vez mais elevada da sua energia; como se parece, como dirigi-la, como controlá-la. Vocês vão senti-la em seu corpo e ao seu redor, em todos os seres vivos.

A coisa mais importante de sua missão é manter a luz (energia/informação) em seu corpo. Vocês possuem essa capacidade inata de conectar-se às frequências das dimensões superiores, ancorá-las em seu veículo e na Terra. Em seguida, vocês a projetam (para fora). Dessa forma, vocês podem mudar a realidade porque são capazes de trazer para o mundo as informações que estão faltando há eons.

Entendam... Estávamos programados para algo que, num determinado momento, como um gatilho, despertasse nossa consciência. A minha talvez tenha sido o contato extra físico, que tive e na sequência minha operação, que acabou resultando numa sequência de pequenos gatilhos que impulsionaram minha mediunidade e meus dons e sensitividade.

Muitos trabalhadores na Luz ainda podem não ter se dado conta, de que suas essências não são daqui. A maioria vem de Sirius, Arcturos, as Plêiades, a Galáxia de Andrômeda. Cada uma delas possui características e capacidades diferentes, mas compartilham diversas características fundamentais:

- Vocês têm dons psíquicos: sentimento remoto, telepatia, clarividência, clariciência, PES etc. Todos nós temos esses e muito mais, alguns deles podem estar latentes, outros podem ser ativados imediatamente por eventos, como a atualização do DNA. Não desistam, trabalhem para desenvolvê-los e tenham fé em que eles serão ativados por vocês no momento certo. Aprendam como controlá-los de modo consciente.
- Vocês possuem capacidades naturais de cura.
- Vocês são empatas: vocês sentem as emoções de uma forma mais profunda, vocês até sentem as emoções, a energia daqueles que os cercam. Sejam cuidadosos com quem vocês se conectam.
- Vocês se conectam com poucas pessoas, com as pessoas certas, e a compreensão é imediata.
- Uma paixão pelo conhecimento (psicologia, física quântica, espiritualidade, astronomia). Não há tempo para conversas fúteis.

- Um conhecimento de uma profunda conexão divina, com base em uma opinião pessoal/experiência direta.
- Vocês reconhecem que vocês são muito mais do que realmente sabem.
- Vocês não gostam de figuras de autoridade.
- Um desejo de reconectar-se com o seu propósito de vida.
- Vocês são seres antigos; vocês são maduros para a sua idade.
- A sua intuição é altamente desenvolvida.
- Atração por civilizações antigas e locais como Gizé, Stonehenge, Pirâmides, Maias etc.
- Experiências dolorosas em sua vida e ao mesmo tempo baixa tolerância a qualquer tipo de dor.
- Aversão à violência.

Se isso faz ressonância com vocês, então vocês não são humanos. Temos que estar atentos a isso, não porque queremos nos sentir superiores, mas porque temos que compreender que temos exigências diferentes, que temos que cuidar de nossa energia em todos os sentidos.

Parem de buscar alguém que vem do céu!

Somos aqueles por quem estivemos esperando. O restante da família surgirá no momento certo.

Somos os E.T's. Os Anjos que se acreditava que fossem lendas ou figuras religiosas.

Em continuação ao seu texto, Morgan enfatiza:

Anjos = E.T. = Vocês!

Somos mensageiros, realmente estamos trazendo aqui informações de todas as formas. Por favor, façam a sua pesquisa, busquem as suas experiências, falem com o seu Eu Superior e com os seus Guias Espirituais e concebam a sua opinião. Tudo o que eu posso dizer é: não subestimem essas informações, principalmente se ressoarem com vocês. Isso tudo é muito verdadeiro! Os anjos são simplesmente seres de outras dimensões. São vocês internamente!

Vou lhes contar um segredo: eles não possuem asas! Os artistas pintaram as asas, que são a sua aura, o super brilho que têm a sua volta quando eles estão em sua forma mais elevada; todos nós temos, mas não é visível a olho nu, a menos que vocês se treinem. Eles aparecem para nós dessa forma, porque esperamos que sejam assim, eles escolhem essa forma particular de modo que sejam facilmente reconhecidos por nós, mas eles são nada menos que um ser das estrelas! Eles podem estar em um corpo humano ou não!

AVISO IMPORTANTE:

Fica expressamente proibido, sofrer de síndrome de X- Man... Não lidem com a vida pensando em termos de *"nós (sementes estelares) e eles"*.

Todos nós somos expressões únicas, facetas da mesma energia, sem necessidade de participar do jogo da separação. Só há nós, mas vocês têm o direito de proteger o seu bem estar, seus limites e escolher que pessoas estão em seu comprimento de onda. Como se não bastasse, há mais sementes estelares no planeta que vocês nunca poderiam imaginar, nem todas elas estão bem despertas neste momento, e isso está mudando rapidamente, muitos podem fazer parte do grupo que vocês insistem em chamar de "eles".

Outro aspecto muito importante é que vocês precisam tomar de volta o seu poder e começar a colocar-se em primeiro lugar. Vocês são extremamente empáticos e querem ajudar a todos. Mas, se não cuidarem de si mesmos, vão esgotar a sua energia. "Eu quero ajudar a todas as pessoas que conheço", basicamente isso não está errado, mas pode tornar-se um problema, quando vocês ficam apegados ao resultado, quando vocês pensam que podem salvar as pessoas (fazer escolhas por elas) ou quando transformam isso em uma necessidade de agradar a todos.

Novamente, vocês não podem e isso não é mesmo o seu trabalho! Vocês não estão aqui para viver de acordo com as expectativas das outras pessoas. Façam o que tiver que fazer com confiança,

Falo isto por experiência própria, não saber falar não, deixar de cuidar de si mesmo, e ir cuidar dos outros, faz com que teu corpo físico, sofra em demasia com dores, com distúrbios gástricos e também energéticos.

Para finalizar, e deixar você pensando se é ou não é uma sementinha estelar, fica aqui a dica:

As sementes estelares são divididas em muitas categorias:

- Crianças índigos, cristais e crianças arco-íris de acordo com os anos em que nasceram e de suas características ímpares.

  As índigos são obstinados, estão aqui para abrir caminho e têm personalidades semelhantes a de um guerreiro. Elas estão prontas para encarar qualquer coisa que não esteja nos melhores interesses da humanidade: o seu trabalho é mudar o sistema e qualquer aspecto de dentro para fora. Elas rejeitam qualquer forma de autoridade, porque sabem que são as próprias autoridades. O nome índigo indica a cor correspondente em suas auras (pode ser de outras cores também, juntamente à cor índigo).

- As cristais são amorosas, não têm absolutamente dificuldades em perdoar, enquanto as arco-íris são a última geração de sementes estelares; algumas nasceram com a memória e o DNA ativados. Elas têm respectivamente auras cristais e arco-íris. Todas as categorias, principalmente as novas gerações, possuem fortes capacidades psíquicas.

Como irmãos na Luz, faço aqui meu apelo:

Não percam a oportunidade de fazerem a diferença, toda ajuda é necessária. Se cada um fizer a sua parte, e juntos caminharmos para um novo amanhã, todos estaremos juntos nesta Ascenção.

Em toda parte podemos encontrar pessoas com o mesmo despertar, com a mesma intenção, a net esta borbulhando de pessoas com o mesmo propósito.

Encontrei Cristian Dambrós em minha rede social. E em poucas palavras, ao lermos o que ele tão jovem escreve, comprovo, o bem que estas sementes estelares, vem fazendo no trabalho de ascenção da terra.

O mundo está despertando para a realidade espiritual, para a nova moral, para as coisas da Consciência ou, como outros diriam, para as coisas do Espírito. Mas há um requisito fundamental nessa história: a necessidade da ação, da realização, da materialização do Novo Tempo. Uma coisa é acreditar em uma nova Terra e outra coisa é fazê-la. Os espiritualistas que se dizem sabedores da verdade e iluminados, necessitam rever seus conceitos agora mesmo, pois permanecem na inércia de seus próprios egoísmos. Está sendo necessária a investida de energia e tempo na construção de um mundo melhor, que começa em você!

Enquanto escrevo estas palavras me conscientizo da necessidade minha de fazer minha parte e não só de escrever esse texto. Convido você, também, a conscientizar-se da necessidade de sua ação no mundo. Estamos aqui como agentes da transformação, como trabalhadores da Luz. Aliás, muitos se dizem trabalhadores da Luz mas, porém onde está o trabalho? Sentar e imaginar figuras de Luz não muda o mundo, queridos. É necessária a transformação interna e a prática da espiritualidade no dia a dia.

Estou falando da importância da verdadeira busca: a busca das experiências na ação. O intelecto hoje é grande mas, do que se aproveita um grande intelecto se as mãos estiverem em completo repouso? Chegou o momento da Ação! O mundo conta com você, agente! Há 7 bilhões de pessoas em nosso planeta e A MUDANÇA ESTÁ EM VOCÊ! Quando você decide praticar o bem e realizar a Nova Terra, todo o Universo conspira a seu favor, todos os guias e mentores te amparam nisso. Sem contar que, quando você começa a transformar sua realidade através da ação, você passa a ser um exemplo vivo que contagia as pessoas!

Meus queridos, estou falando da importância de você exteriorizar sua Luz! Da importância de você SER A LUZ QUE VOCÊ É, SEM MEDO! Expresse seus dons, seus talentos. Você pode se perguntar: "Mas o que devo fazer? Como transformo a mim mesmo e ao mundo?" E eu te respondo: Expressando seus dons, sua Alma, sua capacidade, sua alegria, sua autenticidade, sua criança interna! As doutrinas têm aprisionado as pessoas, movimentando-as à ação de forma errônea. "Ou você faz o bem ou irá para o inferno!". Vamos mudar um pouco isso? Que tal VAMOS FAZER O

BEM PORQUE ASSIM CONTAGIAMOS O MUNDO? Ou, melhor ainda: FAÇA O BEM PARA TRAZER O CÉU À TERRA!

Você é Luz, porque você é Divino como é em sua expressão e beleza. Expresse sua beleza, seu Ser em tudo que você faz e, desse modo, contagie o mundo com sua energia. Essa é a verdadeira ação, o verdadeiro movimento: De dentro para fora! De expressão! E como isso é contagiante! Chegou o momento do trabalho e esse trabalho pode ser árduo e longo, mas ele brota do Ser, do coração, da coragem, da determinação e da sutileza, integradas na vontade de ser quem você é! Seja SUA LUZ NA ESCURIDÃO!

Eu peço, gente, que compartilhem esse post. As pessoas precisam saber que a Nova Terra se manifesta na medida em que manifestamos a nós mesmos, na medida em que expressamos quem somos, sem medos, sem auto-limitações. Fazer nossa parte no mundo é essencial e isso começa quando passamos a fazer o bem conosco mesmos: Nos amando e nos expressando, buscando nosso próprio interior e, somente então, externalizando-o ao mundo todo!

Cristian Dambros
Portal da Consciência

Façamos o que é esperado de nós.
Por amor ao que nos criou, que sejamos
a manifestação da Unidade em Terra.

EPÍLOGO

Quando algo termina... Um mundo de possibilidades começa

Aceitar a sua responsabilidade irá transformá-lo e a sua transformação é o começo da transformação do mundo – porque você é o mundo. Seja lá o quão pequeno for, um mundo em miniatura, você carrega todas as sementes.

Osho

Não pense que nossa história está terminando... Pelo contrário, um mundo de possibilidades começa AGORA. Você, como eu, deve assimilar tudo e tirar o que é de melhor para você.

Tenha certeza que minha felicidade vai ser eterna. Por algum tempo, você fez parte do meu mundo, do meu pequeno Universo, e em contrapartida, também fiz parte do teu.

Estamos ligados pela energia do Amor, como Sementes, procuramos cuidar da terra para se ter bons frutos.

Nos buscamos, e a vida fez com que nos encontrássemos.

E assim será daqui para frente. Sempre que estiver em conexão com sua essência divina, conseguirá identificar sempre novas possibilidades.

Deixará de pensar em 3D e sutilmente será levado a pensar em 5D (quinta dimensão). E o Caminho é somente pelo coração.

Aprenderá que a racionalidade é inerente a este plano, que criar novos aspectos, para se fortalecer estes novos laços, será um treino, para quem ficou preso por tantos anos neste patamar.

Receberá constante ajuda de outras sementes, de seus anjos e amparadores de Luz.

Mas atente-se a uma verdade.

Forças contrárias e controladoras desta Matrix, tudo farão para impedir que os planos de ascensão coletiva e terrena, aconteça.

Manter-se sempre consciente de suas buscas, do seu despertar, ajudará a realização de seus sonhos e não das suas ilusões.

Para muitos seres humanos que ainda não descobriram a sua própria e infinita fonte de Amor e conexão com a Fonte, é preciso um maior desencadeamento para ativar a sua própria compaixão.

À medida em que o mundo continua a evoluir, mais e mais pessoas despertam para sua verdadeira natureza divinas, a compaixão e o Amor tornar-se-ão suas respostas naturais, e a maneira como você deseja oferecer sua conexão com os outros.

Você não precisará de extremos para se lembrar da sua própria Verdade e Ser, e começará a andar pelo caminho gentil e compassivo que vem de navegar pelo seu próprio e sagrado coração.

Quando vocês abraçam vossa divindade como parte do tudo o que é, vocês reconhecem que também têm recursos infinitos. E a Fonte que abastece, é o Amor que nos aproxima a todos como irmãos.

Sim você é somente uma semente, nesta terra infinita de possibilidades, também infinitas. Uma semente que semeará amor por onde caminhar.

E que na solidão dos grandes encontrará o auxílio a ser recebido de todas as manifestações da verdade, que farão com que percorra também o seu próprio caminho Sagrado.

Juntos levaremos este planeta à sua ascensão à outras dimensões e esferas de Luz. Juntos trilharemos nosso caminho em busca da nossa própria ascensão, e de todos nossos irmãos. Juntos descobriremos que Deus, o Criador, cumpriu o papel que lhe cabia.

Juntos. Eu, você e nossos irmãos, que no serviço incessante à Luz, nos esperam para sair da dormência que nos encontrávamos.

Encontraremo-nos junto a essa fonte de Luz, a fonte inesgotável de amor e verdade, que nos manterá em contato constante com a essência pura da mais verdadeira tríade de Amor, Compaixão e Gratidão. Deus em ação, direto no nosso centro de Força e Emanação.

Não sabemos ainda como será teu despertar, mas tenho certeza que você, uma sementinha como eu, nada temerá, pois sabe que muitos a esperam para voltar ao verdadeiro Lar.

Aprenda de uma vez por todas que somos capazes e merecedores de viver nossa Ascensão, que não importa se somos, evangélicos, espíritas, católicos ou mulçumanos. Não importa as religações externas, quando o que vale, é nossa capacidade de vivenciar tudo com os olhos da alma e do coração.

Despeço-me com o coração cheio de amor agradecendo à Grande Fraternidade Branca, que merece não somente nosso Amor, como também toda nossa Gratidão.

À Querida Mãe Kuan In que disse que não sairia daqui, enquanto aqui permanecesse uma alma restante.

A todos os Avatares que abriram caminho; ao Mestre Jesus, o Cristo.

À Sagrada Mãe Maria.

Aos meus Mentores, Anjos e Guardiões de Luz.

E a todos os mestres e também aos falsos mestres que cruzaram meu caminho, com eles aprendi muita coisa.

E a você, principalmente você, que esteve em comunhão com meus pensamentos e minha história, com você fica a minha mais grata manifestação de amor e gratidão e espero um dia, encontrar-te entre os que buscam o verdadeiro encontro com os seus.

Muita Luz em teu coração.

Considerações Finais

Sou uma Peregrina neste Planeta chamado Terra.

Como você, vivi até agora temendo tudo e a todos, tendo a morte como a única certeza do que a vida nos reservava.

Hoje depois de muita procura, só tenho uma coisa a mais a lhe dizer...

Tome posse do seu Poder.

Você o tem, e se sobreviveu até aqui, tenha certeza que esta preparado para seu retorno, ao verdadeiro Lar.

Mas caso seu coração esteja aqui, neste Planeta Azul, faça tudo que estiver ao seu alcance para ajuda-lo na sua ascensão.

Saia do Eu, e venha viver o nós.

Ajude outras pessoas a acordar, mas, por favor, ninguém precisa de provações, ou que você compre para eles uma passagem para a 5ª dimensão na classe econômica.

Use sua imaginação e discernimento e faça-os pensar.

Que tal os presentearem com este livro?

Talvez gostem.

Um grande e caloroso abraço.

Que os nossos corações entrem em comunhão, agora e sempre.

Magaly Delgado/Magamagaly

Invocação às Forças Sagradas

Invoco agora o Poder da Luz dentro do meu próprio SER.

Que as energias que vem do Norte, do Sul, do Leste e do Oeste, me amparem nesta hora.

Que seu Poder, desperte às Forças Sagradas existentes dentro de mim.

Que minha memória Ancestral, venha em meu auxilio, recuperando a Sabedoria dos meus Antepassados.

E que seu Poder de Luz, exorcize todas as energias nefastas que estejam agregadas, libertando-me de todas as privações existentes em meu caminho.

Que a Força Magnética da Grande Luz se espalhe ao meu redor, e em torno de mim, irradiando Paz, Amor e Harmonia.

Que as Forças Sagradas existentes em mim, manifestem em minha vida sua Infinita Abundância e Prosperidade.

E que o Poder do Divino Amor, restabeleça em minha vida, a comunhão existente entre o feminino e o masculino, libertando-me de toda energia negativa, vivenciada por mim em nome do Amor.

Através da sua Infinita Sabedoria, restitui em minha vida a Cura de todos os males e doenças.

Que o Fogo, a Terra, a Água e o Ar, se mantenham em equilíbrio, preparando meu corpo Físico, Mental e Espiritual, para a ativação do meu Corpo de Luz.

Faça com que as Forças Sagradas do meu EU SOU, se espalhem por todos os recantos, envolvendo o reino animal, mineral e vegetal, os Seres Encarnados e os Desencarnados, as Cidades, Países, e toda Mãe Terra.

Que está Força Irradiada se espalhe entre os Universos e se Una novamente à Fonte Infinita da Criação.

Assim Seja!

Bibliografia

SARACENI, Rubens. O Ancestral Místico. Transcedental Editora. 1991
O Caibalion. Tradução de Rosabis Camaysar. Editora Pensamento
BUCK, Antonio G. Maçonaria Esotérica – Grau de Aprendiz. Companhia Mystica. 2002
SABRINA, Lady. O Grande Livro de Magia da Bruxa. Madras Editora. 2002
GAWAIN, Shakti. Visualização Criativa. Editora Pensamento.1978
CARONE, Claudio. Alquimia do Amor. Editora Scortecci. 2005
GUATAMA. Reinos Kosmicos. Rumo Gráfica Editora. 1984
DRUZIAN, Anngela. SOS dos Anjos Guardiões e Cabalísticos. Editora Mystic. 2000
BIANCARDI, Rosa Maria. Sabedoria das Bruxas. Berkana Editora. 1998
PROPHET, Elizabeth Clare. Os Anos Ocultos de Jesus. Editora Nova Era. 1995
ADOUM, Jorge. Eu Sou. Editora Pensamento. 1974
ELLAN, Jan Val. Reintegração Cósmica. Editora Conhecimento. 1999
PINA, Izilda Carvalho de. Estágio em 4ª Dimensão. Editora Mnêmio Túlio. 1997
FRIAS, Irvany Bedaque F. Dicionário Esotérico. Editora Prof. Fco. Valdomiro Lorenz. 1996
RODDRIGUEZ, Antonio. A Orígem dos Filhos das Estrelas. Editora Mil Folhas. 2000
PRAAGH, James. O Despertar da Intuição. Editora Sextante. 2001
GRISCOM, Chris. Êxtase Chave da Dimensão Espiritual. Edições Siciliano. 1990
SCHURÉ, Édouard. Os Grandes Iniciados. IBRASA. 1985
Corpus Hermeticum. Hemus Editora.
LEWIS, James R. e OLIVER, Evelun Dorothy. Enciclopédia dos Anjos. Makron Books. 1999

Sobre a Autora

Magaly Delgado, é terapeuta holística, sensitiva, numeróloga e radiestesista.

Formada em Psicanálise Integrativa e graduada como Sacerdotisa do Colégio de Magia Divina onde teve como Mestre e orientador, Rubens Saraceni.

Possui formações diversas, em harmonização áurica e equilíbrio energético de ambientes. Com seus 18 graus em magia, trabalha com mandalas e limpeza áurica.

Facilitadora em Reiki e Magnifield Healing.

Atua como sensitiva em leitura de aura e inconsciente.

Palestrante e coordenadora em trabalhos de grupos sociais.

Possui também um canal no You Tube, chamado Magamagaly/Casa dos Espelhos, onde administra, redige os textos e cuida da gestão.

Seu blog, Magamagaly.blogspot.com.br, é uma opção de referência em textos e vídeos Espiritualistas e de Auto Ajuda.

Possui uma Rede Social que, unindo o Facebook e a comunidade espiritualista, Casa dos Espelhos, já atingiu cerca de 107 mil seguidores.

Membro ativo da Grande Loja Maçônica Mista do Brasil, no momento ainda nos Graus Simbólicos.